KB069983

피니시

FINISH

FINISH

피니시

존 에이커프 지음 | 임가영 옮김

힘 빼고,
가볍게 해내는
끝내기의 기술

다산
북스

내가 작가가 되기 오래 전부터 작가 재목임을 믿어주신
나의 부모님, 마크 에이커프 그리고 리비 에이커프 님께 바칩니다.

● 이 세상은 절반만 읽고 책장에 버려진 책들, 거의 시작할 뻔한 사업, 거의 끝낼 뻔한 다이어트들로 가득하다. 손만 대고 끝내지 못한 것투성이다. 내면의 불안을 떨치고 즐기는 것, 불완전함을 영리하게 받아들이는 것이 그 끝내지 못한 모든 문제들의 해결책이라는 사실을 누가 알았을까? 존 에이커프는 알았다. 그리고 당신도 이제 곧 그렇게 될 것이다.

스티븐 프레스필드Steven Pressfield, 『최고의 나를 꺼내라』 『행동하라』 저자

● 난 존이 제시한, 믿을 수 없을 정도로 따라 하기 쉬운 조언들이 참 마음에 든다. 스탠드업 코미디로 가장한 지혜 덩어리랄까? 젤리 한 봉지를 먹었더니 어쩐지 똑똑해져버리는 식이다.

크리스 길아보Chris Guillebeau, 『두 번째 명함』 『100달러로 세상에 뛰어들어라』 저자

● 『피니시』는 당신에게 늘 필요했던 그 궁극의 한 수를 가르쳐준다.

클레어 디아즈 오티즈Claire Diaz-Ortiz, 트위터Twitter 전 이사

● 리더에게 있어 가장 큰 소망이 있다면, 자신이 이끄는 팀이 목표를 달성하는 것이다. 하지만 앞을 가로막는 수천 가지의 방해물 탓에 목표 달성은 해가 갈수록 점점 더 어려워진다. 이 책은 그 문제들을 차근차근 해결해나가는 데 도움을 줄 것이다. 감히 예견하건대, 기업들은 이 책을 박스 채로 구입할 것이다.

레지 조이너Reggie Joiner, The reThink Group CEO이자 설립자

● 끝내지 못한 목표들이 유령처럼 당신을 쫓아다니는가? 나는 머릿속에 떠오른 모든 아이디어를 마음에 들어 하는 사람이기 때문에, 시작할 때 느끼는 짜릿한 흥분과 끝까지 해내는 일의 어려움 모두를 너무나도 잘 알고 있다. 다행스럽게도 존 에이커프의 유머가 잘 녹아 있는 이 훌륭한 책이 나를 구원해주었다. 『피니시』는 우리가 어떤 방식으로 스스로의 목표 달성을 방해하는지 깨닫게 해주고, 목표한 것을 성취해낼 수 있는 강력한 도구들을 선사한다. 존 에이커프의 책을 읽고 그가 나눠준 지혜를 실천하다 보면 만면에 웃음을 띤 채 결승선을 넘어서게 될 것이다.

켄 블랜차드Ken Blanchard, 『1분 경영』『칭찬은 고래도 춤추게 한다』저자

● 글을 쓰는 작가로서 나는 끝까지 해내는 것이 얼마나 어려운 일인지 잘 알고 있다. 마지막 장을 쓸 때면 어김없이 고비가 찾아오기 때문이다. 그러나 존 에이커프가 이 책을 통해 소개한 '끝내기의 기술'들은 그 과정을 훨씬 쉽게 만들어준다. 달성하고 싶은 목표가 있다면, 먼저 이 책부터 읽자!

앤디 앤드루스Andy Andrews, 『폰더 씨의 위대한 하루』『오렌지 비치』저자

● 인생을 살아가는 방식, 업무를 처리하는 방식을 바꾸는 일을 계속해서 미루는 맛에 인생을 살고 있다면 이 책을 읽지 말 것! 존 에이커프는 재치와 유머, 무엇보다도 '공감'을 통해 이번에도 내가 가장 좋아하는 작가 1위를 거머쥐었다.

린지 티그 모레노Lindsay Teague Moreno, 『주목을 끄는 사람Getting Noticed(국내 미출간)』저자

● 당신에게 아주 중요한 목표가 생겼을 때, 그 목표를 달성하기 위한 '정확하고 확실한 방법'을 알려주는 책이다.

• 스콧 해밀턴Scott Hamilton, 올림픽 피겨스케이트 금메달리스트

● 만성 시작 병자이자 중도 포기자로서, 이 책에 쓰인 모든 단어가 현재 내 상황에 꼭 들어맞았다.

맨디 해일Mandy Hale, 『혼자서도 당당하게The Single Women(국내 미출간)』 저자

● 존 에이커프가 이런 책을 써주기를 얼마나 학수고대하며 기다렸던가! 이 책은 더 나은 삶을 위한 가이드이자, 더 많이 노력하라고 다그치는 대신 시작한 일을 끝까지 해내도록 도와주는 구체적인 팁으로 가득하다. 20년 전에도 이 책이 있었다면 참 좋았을 텐데!

제프 고인스Jeff Goins, 『일의 기술』 저자

● 이 마법 같은 책을 읽으며 책이 당신에게 주문을 걸도록 내버려두자. 그러면 이미 열두 번도 넘게 시도했다가 중도에 포기한 그 망할 목표를 마침내 달성하게 될지니!

브라이언 코펠만Brian Koppelman, 드라마 「빌리언즈」 작가이자 공동 제작자

● 　개인의 성취는 종이 한 장 차이로 비극으로 끝나기도, 유쾌한 코미디로 끝나기도 한다. 존 에이커프는 끝까지 해내지 못하는 나의 단점을 아무것도 아닌 것쯤으로 여기고, 그것을 극복해내도록 어마어마한 도움을 준 유일한 사람이다. 끝내기의 기술을 마스터하고 싶은 자, 이 책을 펼쳐라!

마이클 하얏트Michael Hyatt, 「세상과 타협하지 않고 진짜 나로 살기 위한 인생 계획」 저자

　　● 　존 에이커프는 모든 훌륭한 지도자들이 가장 선호하는 주제, '임무를 완수하는 방법'에 대해 이야기한다. 남들보다 뛰어난 사람이 되고 싶다면 목표를 끝까지 완수해내는 사람이 되어야 한다. 존 에이커프는 당신이 결승선을 넘어 목표를 달성하는 데 도움이 되는 실용적이고 따라 하기 쉬운 '끝내기 로드맵'을 제시한다.

브래드 롬닉Brad Lomenick, 「H3 리더십H3 Leadership(국내 미출간)」 저자

　　● 　이 책은 단순히 목표를 달성하는 방법을 알려주는 데서 그치지 않고 목표를 '제대로' 달성하는 방법을 가르쳐준다. 내 친구 존 에이커프에게는 불가능할 것이라 생각했던 일을 실현 가능한 일로 보이게 하는 재주가 있다.

몬텔 조던Montell Jordan, 싱어송라이터, 음악 프로듀서

START

프롤로그

끝내지 못한 것들의 무덤 속에서

2013년, 내가 맞서 싸운 건 엉뚱한 유령이었다.

그해 나는 '시작'할 것을 당부하는 내용의 책을 냈다. 소파에서 당장 일어나라고 독자들을 다그쳤고, 사업을 시작하라고, 다이어트에 돌입하라고, 책을 쓰기 시작하라고, 그동안 꿈꿔온 수만 가지의 목표를 좇으라고 외쳐댔다.

많은 사람들이 가진 가장 큰 문제는 시작하지 못하게 그들의 앞을 가로막은 '두려움의 유령'이라고 생각했기 때문에, 일단 사람들을 출발선 앞으로 데려가기만 하면 그다음엔 모든 일이 순조롭게 흘러갈 거라고 믿었다. 두려움은 우리 앞길을 가로막는 유령이며, 시작하는 것이야말로 그 유령을 퇴치하는 유일한 방법이라고 판단했던 것이다.

돌아보면 그때의 내 생각은 절반만 옳았다.

시작은 중요하다. 무언가를 시작한다는 건 그 자체로 의미가 있다. 처음 내딛은 몇 걸음은 확실히 중대한 의미를 갖는다. 그러나 시작이 '가장' 중요한 것은 아니다.

시작보다 더 중요한 것, 시작하는 것쯤은 유치하고 쉽다는 생각이 들며, 심지어 중요하지 않은 일처럼 느끼게 만드는 것이 있다. 그게 뭐냐고?

바로 '끝까지 해내는 것'이다.

해마다 토크 콘서트에서 만난 독자들은 한쪽 구석으로 나를 데려가 이렇게 묻곤 한다. "시작하는 일은 문제가 없었어요. 지금껏 백만 개도 넘게 시작했단 말입니다. 하지만 단 한 번도 끝낸 적은 없죠. 어떻게 하면 끝까지 해낼 수 있을까요?"

내게 정답이 있었던 건 아니다. 아니, 오히려 내 인생에도 그 질문의 해답이 필요했다. 지금까지 내가 끝까지 해낸 일을 살펴보면, 하프마라톤을 완주했고, 6권의 책을 썼고, 오늘 옷을 꽤 잘 입었다. 하지만 이것은 내 반쪽짜리 인생에서 드물게 얻은 성취에 불과하다.

책장에 꽂힌 책 중에 다 읽은 책은 10퍼센트 밖에 되지 않고, 영상을 보고 따라하는 6일 간의 홈트레이닝 프로그램을 끝내는 데는 3년이 걸렸다. 스물세 살에 가라테 파란 띠를 땄는데, 검은 띠를 따겠다던 야심찬 내 목표를 달성하려면 앞으로 대략 76개의 띠가 더 필요하다. 내 사무실에는 반쯤 쓰다 만 몰스킨 노트가 32권 있고 애매하게 조금씩 남아서 욕실에 나뒹구는 챕스틱은 19개나 된다. 내가 '입술 수분 보충' 항목에 얼마나 많은 예산을 썼는지 재무관리사가 본다면 아마 놀라서 까무러칠지도 모르겠다.

창고는 또 어떤가. 그곳은 끝내지 못한 것들의 무덤이라고 해도 과언이 아니다. 겨우 다섯 번 사용한 망원경, 세 번 쓰고 처박아둔 낚싯대, 한 번도 사용하지 않은 스노보드와 스키 시즌권, 심지어 3년 전에 구입해 겨우 35킬로미터 탄 모터 자전거도 한구석에 그냥 방치되어 있다. 나는 부재 속에 살고 있는 것이다. '끝'의 부재 속에.

그래도 '끝내지 못한 길' 위에 나 혼자만 있는 건 아니라는 사실이 작은 위안을 준다.

한 연구에 따르면, 새해 계획의 92퍼센트는 실패로 돌아간다. 매년 1월이 되면 희망에 들뜬 사람들은 새해 계획을 자랑스럽게 떠벌리며 한 해를 시작하는데, 어쩐지 새해에는 새로운 나로 다시 태어날 것 같은 기분이 들기 때문이다.

하지만 그렇게 힘차게 한 해를 시작한 100명 중 겨우 8명만이 계획을 끝까지 실천한다. 통계적으로, 새해 계획을 꾸준히 그리고 끝까지 실천할 확률은 줄리아드학교에 입학해 발레리나가 될 확률과 같다. 참고로 줄리아드 무용과의 입학률은 약 8퍼센트로, 아주 극소수만이 치열한 경쟁을 뚫고 입학하는 셈이다.

나는 그동안 '충분히 노력하지 않는 것'이 단지 나만의 문제라고 생각했다. 조언깨나 한다는 사람들도 입을 모아 자신 있게 말하지 않는가. "치고 나아가야 합니다! 더 열심히 일해야 해요! 잠은 죽어서나 자란 말입니다!"

내가 게으르다는 사실은 일찌감치 알고 있었는데, 『그릿』의 저자 앤절라 더크워스의 탁월한 '그릿 테스트'는 그 사실을 다시 한 번 아주 구체적으로 깨닫게 해주었다.

'그릿GRIT'이란 성공에 결정적인 영향을 미치는 열정 있는 끈기를 의미하는데, 내 점수는 너무 낮아서 결과를 그래프로 만들지도 못할 수준이었다. 사실 나는 내가 테스트를 끝마친 것만 해도 놀라운데, 끝낸 것을 축하하는 보너스 점수라도 줘야 하는 것 아닌가?

실험 결과에 한껏 자극을 받은 나는 끈기가 넘치는 사람이 되겠다는 일념으로 기상 시간을 앞당겨 일찍 일어나기 시작했다. 말 한 마리도 거뜬히 쓰러뜨릴 정도로 에너지 드링크를 마셔댔으며, 인생 상담 코치를 고용했고, 몸에 좋다는 슈퍼푸드는 다 챙겨먹었다.

그러나 어느 것도 효과는 없었다. 얻은 게 있다면 그 많은 카페인이 내게 선물한 귀여운 눈 떨림 정도랄까.

위인전에나 나올 법한 위인들의 삶을 닮으려 쉬지 않고 아등바등 스스로를 몰아치며 일을 하던 나는 뭔가 다른 차원의 유의미한 도전, 그러니까 억지로 애쓰는 노력이 아닌 도전 과정 그 자체에 집중하는 방법을 생각해보고 싶었다. 나는 결국 30일 과정의 도전 코스를 고안하기에 이르렀고, 이 코스를 온라인에 개설했다. 30일간 각자 도전할 목표를 동영상으로 찍어 인터넷에 올리는 방식으로 진행된 이 '도전의 30일 프로젝트The 30 Days of Hustle Challenge'는 수천 명의 참가자들이 목표를 달성하는 데 도움을 주었다.

그리고 2016년 봄, 멤피스대학교의 연구원 마이크 피슬리Mike Peasley가 내게 한 가지 제안을 했다.

그는 내가 진행하는 '도전의 30일 프로젝트'의 참가자들을 연구해 어떤 방식이 효과가 있었는지, 또 효과가 없었던 방식은 무엇인지 분석해서 해당 연구의 결과에 대해 논문을 쓰고 싶다고 했다. 그 후로 몇 달 동안 850명이 넘는 참가자들을 대상으로 설문조사를 진행한 마이크는 실제 데이터를 근거로 탄탄한 연구 기반을 마련했다.

이 일은 내게도 새로운 경험이었다. 이 제안을 받기 전까지 나는 2003년부터 시작된 '팩트 체크 따위는 신경 쓰지 않고 하고 싶은 말 모두 인터넷에 쏟아내기'라는 훌륭한 규칙 하에 일해왔기 때문이다.

그런데 연구가 시작된 이후 마이크가 발견해낸 사실은 '목표 달성'에 대한 나의 관점과 이 책의 방향, 그리고 어떤 면에서는 내 인생에 대한 접근 방식까지도 바꾸어놓았다.

마이크는 해당 코스를 끝마친 사람들의 목표 달성률이 과거에 그들이 해왔던 방식으로 목표를 세웠을 때보다 27퍼센트 더 높아졌다는 사실을 발견했다. 고무적인 결과였지만 그것만으로는 사실 그다지 놀랍지 않았는데, 누구든 무언가를 30일 동안 꾸준히 해내고 나면 거의 대부분 그 일에 숙달되기 때문이다.

오히려 내가 크게 놀랐던 부분은 우리가 지금보다 좀 더 당연하게 받아들여야 하는 몇몇 사실이었다. 도전 코스 참가자들의 성취를 극적으로 끌어올린 계기는 다름 아닌 참가자들의 심적 부담을 줄이는 활동에 있었다. 도전을 중도에 포기하게 만드는 파괴적인 완벽주의를 떨쳐버리게 하는 그런 활동 말이다. 바지 사이즈 줄이기든, 블로그에 더 많은 콘텐츠 올리기든, 연봉 인상이든, 목표가 무엇이든 결과는 같았다. 완벽주의에서 멀어질수록 참가자들의 능률은 올랐다.

결국 더 많이 노력하는 것은 정답이 아니었다.

더 많이 애를 쓰는 것도 해결책이 아니다.

연구 결과로 확인한 것처럼, 이제 우리는 끝까지 해낼 수 있다.

'만성 시작 환자'도 '꾸준한 성취자'가 될 수 있다!

이 책이 당신에게 팁을 주고, 동기를 부여하고, 매의 눈썰미를 가질 방법을 제시하며 "더 많이! 더 많이!" 도전하라고 말할 것이라고 예상했을지도 모르겠다.

그런데 그 방법들이 당신에게 어떤 도움을 줄까? 더 열심히 노력하는 것은 과연 도움이 될까? 더 많은 일에 도전하면 자신의 인생을 조금은 더 사랑하게 될까? 그 많은 생산적인 팁과 시간 관리법, 인생살이의 힌트가 당신의 삶에 조금이라도 도움이 되었는가?

아니, 그렇지 않다. 그리고 앞으로도 그럴 일은 없을 것이다. 목표를 성취하고 싶다면, 시작한 일을 끝까지 해내고 싶다면, 우리는 '완벽주의'를 저 문밖으로 몰아내기 위해 할 수 있는 모든 일을 해야 한다. 즐겨야 하며, 목표를 절반으로 줄이기도 하고, 어떤 목표를 포기할지, 어떤 것을 나중으로 미룰지도 정해야 한다.

이 연구의 놀라운 점이 바로 여기에 있다. 이 연구는 시작한 일을 끝내려면 필요한 것이 무엇인지에 관해 아주 유용한 교훈을 남겼다. 이 교훈이 제시한 방식은 도무지 납득이 안 될 정도로 쉬운 나머지,

하나씩 따라 하다 보면 자신이 '지름길'을 택한 것이 아닌가 하는 생각이 들 정도다. 혹은 자신이 속임수를 쓴다고 느끼거나, 지금 하는 일은 '노력 축에도 못 끼는 일'이라고 느끼게 될지도 모른다.

혹시 당신은 '지름길'이라는 단어를 보면 죄책감이 드는가? 당신에게 "인생에 지름길은 없다"라고 말한 코치, 상사, 또는 부모님을 떠올리고 있는가? 좋다. 그러면 앞으로 구글 검색은 하지 않겠다고 나와 약속하자. 다음번에 뭔가 궁금한 것이 생기면, 국회 도서관에 편지를 쓰는 거다. 이메일 말고 종이 위에 편지를 쓰도록 하자. 우표는 침을 발라 붙이는 게 좋겠다. 스티커로 된 우표는 지름길이니까 말이다.

우리는 세상의 편견 혹은 고지식함으로 인해 '지름길'이라는 단어가 뒤집어쓴 억울한 누명을 풀어줄 필요가 있다. 마음속에 자리한 '지름길'에 대한 정의를 바꿔보자. 지름길은 게으름을 피우거나 힘든 일을 피하려는 꼼수가 아니라, 도전을 끝까지 해내기 위해 이용하는 지혜라고 생각하는 거다. 어떤가?

일에 집중하려고 노트북의 와이파이를 꺼놓는 것은 지름길이다. 다이어트 중에 냉장고에 아이스크림을 채워놓지 않는 것 역시 지름길이다.

나는 이 책을 통해 시작만 하고 끝내지 못하는 당신에게 그 지름길에 대해 알려주고 싶다. 자, 이제 우리는 트랙 앞에 섰다. 우리를 가로막아 선 허들을 하나하나 넘어서면서 함께 피니시 라인을 통과해보지 않겠는가? 그럼, 끝을 향해 지금부터 하나씩 시작해보자!

5장 은근슬쩍 계획을 뒤엎는 방해꾼
'은신처'와 '숭고한 장애물'

6장 인생 곳곳에 숨어든 '비밀 원칙들'
목표 달성을 어렵게 만드는 그릇된 믿음

완벽한 계획이
산산이 부서진
그날의 비밀

《 우리를 자꾸 넘어뜨리는 완벽주의라는 악당 》

우리는 늘 더 나은 것을 목표로 한다. 더 나은 외모, 더 나은 기분, 더 나은 나 자신. 그런데 갑자기 한순간에 '더 나은'이 '최고의'로 돌변한다. 작은 성장 따위는 가당치도 않게 여기며, 하룻밤 사이에 어마어마한 성공을 거두고 싶어 한다.

'시작이 반이다'라는 속담은 내가 가장 좋아하는 동기부여용 선의의 거짓말이다. 우리는 종종 '시작'의 중요성을 지나치게 강조하곤 한다. 너무 강조하는 나머지 '많은 목표를 수포로 돌아가게 하는 하루'는 사실상 간과되고 만다. 41년 평생을 살면서 그 하루에 대해 언급하는 사람을 나는 본 적이 없다.

계획을 세우는 일에 들이는 그 모든 노력에도 불구하고, 우리는 가장 중요한 하루를 놓치고 있다. 그러나 나는 그 하루 때문에, 말하자면 더 이상 코스트코에서 검은콩을 살 수 없게 되었다.

코스트코는 굴착기로 실어 나를 만큼 많은 콩을 한꺼번에 판매한다. 그럼에도 나는 왠지 내게 그 정도의 콩이 필요하다고 생각했다. 문득 진지한 결심까지 했다. 팀 페리스가 쓴 『나는 4시간만 일한다』에서 계란, 검은콩, 시금치, 미나리, 살사 소스로 이루어진 간단한 아침 식사를 추천한 것을 떠올린 것이다. 내가 그 엄청난 검은콩을 끌어안았을 때 가족들은 "아, 또 시작이군"이라는 반응이었다. 가족들은 내가 딱 12일 동안 하루도 빠짐없이 검은콩을 먹으리라는 걸 알고 있었다.

왜 12일이냐고? 13일째 되는 날엔 나는 굉장히 바빠질 것이고, 갑자기 회의가 생기거나, 여행용 검은콩을 깜빡하고 멀리 출장을 가게 될 것이기 때문이다. 그리고 나는 검은콩을 먹지 않은 그 하루 때문에 그동안 들인 노력을 한순간 중단하게 된다.

나는 이제 더 이상 코스트코에서 검은콩을 사지 않는다.

한번 흐름이 끊기면 그 흐름을 다시 이어가기가 어렵다. 기록이 더 이상 완벽하지 않으니 다 포기해버리는 것이다. 이는 사람들이 실수를 대하는 놀랍도록 흔한 반응이기도 하다. 중도 포기한 사람들에게 그 이유를 물으면 대부분 비슷한 대답을 한다.

"뒤처져버렸어요. 다시 되돌릴 수가 없었죠."

"사는 게 바빠서 계획대로 할 수 없었습니다."

"다른 프로젝트가 갑자기 끼어드는 바람에, 되돌리기엔 이미 모든 게 엉망이었죠."

표현은 다를지 모르겠으나 그들은 모두 정확히 같은 것에 대해 말했다. "과정이 더 이상 완벽하지 않아서, 나도 더 이상 노력하지 않게 되었다."

다이어트를 하는 도중에 단 하루 계획을 지키지 못했다는 이유로 그동안의 노력이 바보 같은 짓이었다고 결론 내린 당신. 어느 날 아침 너무 바빠 글을 쓸 짬이 나지 않았고, 그날 이후로 한 줄도 쓰지 못한 책을 그대로 책장에 처박아둔 당신. 빠뜨린 영수증 하나 때문에 이번 달 가계부 작성을 포기하기로 한 당신.

당신을 비난하려는 것은 결코 아니다. 나도 같은 상황을 아주 많이 겪어왔다. 어느 해 2월 한 달 동안 나는 120킬로미터를 뛰었다. 3월에는 114킬로미터를, 그리고 4월에는 117킬로미터를 뛰었다. 5월에는 얼마나 뛰었냐고? 12킬로미터를 뛰는 데 그쳤다. 6월에 얼마를 뛰었는지 맞춰보시라. 그렇다, 0킬로미터였다.

왜냐고? 완벽했던 운동 흐름이 끊겼으니 그냥 그만둬버린 것이다.

목표 달성에 대한 첫 번째 거짓말

'완벽하지 않다면 관두는 편이 낫다.' 이 거짓말이 가히 천재적인 이유는 미묘한 어감 때문이다. 이 거짓말은 완벽하지 않을 '때에는'이라고 말하지 않는다. 그러면 목표를 달성해나가는 과정이 결국 완벽하지 않을 수도 있다는 사실을 암시하기 때문이다.

그렇다. 완벽주의는 마치 당신이 모든 일을 완벽하게 해낼 가능성이 있기라도 한 듯, '완벽하지 않다면'이라는 가정법을 사용한다. 그래서 '목표를 100퍼센트 달성한 사람'이라는 묘비명이라도 새기고 무덤에 들어갈 수 있을 것처럼 말하며 우리로 하여금 '완벽해야 한다'는 강박을 갖게 한다.

'완벽하지 않은 것'은 우리를 불편하게 한다. 일반적으로 사람들은 목표를 세운 이상 B학점이나 C학점 같은 건 원하지 않는다. 더군

다나 잠깐이라도 골똘히 고민한 끝에 세운 목표라면 모조리 A학점을 받아야 직성이 풀리는 것이다. 성적에 조금이라도 부족한 부분이 발견되는 순간, 우리는 마치 기다렸다는 듯 목표 자체를 포기해버리고 만다. 그뿐인가, 시작도 하기 전에 미리 포기하기도 한다.

많은 사람들이 애초에 새로운 목표를 세우지도 않는 이유가 여기에 있다. 50점을 받느니 차라리 0점을 받겠다는 것이다. 그들에게는 '완벽함'만이 유일한 기준이며 완벽하지 못할 바에는 애초에 첫 단추를 끼우지도 않는다. "완벽하지 않은 것이 무슨 쓸모가 있어?"라는 음울한 생각이 짙은 안개처럼 그들의 시야를 가린다. 애초에 시도를 하지 않으면 실패할 이유조차 없으니까 말이다.

이 책을 쓰기 위해 연구를 진행하며 1000명을 대상으로 온라인 여론조사를 실시했다. '떠오른 아이디어가 만족스럽지 않다는 이유로 그것을 적어보지 않은 경험이 있는지' 물었다. 완벽주의라는 필터로 생각들을 걸러내 그것들을 종이 위에 써보지도 않은 사람은 나뿐일 것이라고 생각했다. 그러나 응답자의 97퍼센트가 나와 같은 경험을 했다고 답했다.

이런 말을 하면 어떻게 받아들일지 모르겠지만, 당신의 목표는 결코 완벽하지 않을 것이다. 이 사실을 전해야 하는 내 마음도 아프지만, 어쨌든 당신은 실패할 것이다. 아마 아주 많은 실패를 경험할지도 모른다. 어쩌면 문을 나서자마자 실패할 수도 있다. 출발선에서 다리가 걸려 넘어질지도 모를 일이다.

그래도 괜찮다. 왜냐고? 어떤 일을 완벽하게 해내지 못했다고 해서 죽지는 않기 때문이다. 물론 죽을 것 같을 수는 있겠다. 그래서 우리는 심지어 발전하지 않는 자신의 모습을 우주에서나 발생할 법한 사고와 비교하기도 한다. "정상 궤도에 다시 진입할 수 없을 거야. 내 계획은 이미 궤도를 벗어났다고."

그러나 이는 엄연히 틀린 비유다. 우주선의 궤도 이탈은 중대하고 심각한 사고다. 그리고 그런 사고가 벌어지면 대체로 사람들은 목숨을 잃는다. 그뿐인가, 수천 억 달러의 손실이 발생하고, 문제를 해결하는 데만 엄청난 시간이 걸린다.

그런데 목표를 위한 계획을 하루 지키지 못했을 때 실제로 당신에게 일어나는 일은 무엇인가? 위와 같은 일은 절대 일어나지 않는다. 아무도 죽지 않고, 궤도에 재진입하는 데 4000억 달러가 들지도 않으며, 일을 바로잡는 데 엄청난 시간이 걸리지도 않는다.

만성 시작 환자가 꾸준한 성취자로 변모하기 위해서는 결국 불완전함에 대한 내성을 기르는 것이 핵심이다. 더 이상 완벽하지 않게 되는 순간 그만두고 마는 바보 같은 짓이야말로 그만둬야 하는 것이다. '완벽하지 않은 것은 쓸모없지 않나? 흐름을 잃었으니 실수의 진흙탕에서 뒹구는 편이 낫다.' '어젯밤에 정신을 놓고 먹어댄 마당에 오늘 더 먹는 것이 대수랴.' 완전히 무너지기도 전에 스스로 재빨리 포기하고 마는 그런 판단을 우리는 그동안 얼마나 많이 했는가.

'기왕 이렇게 된 거 뭐might as well'라는 말은 영어에서 가장 위험한 표현 중 하나다. 이 말은 결코 '좋은 일'에는 적용되는 법이 없다. '기왕 이렇게 된 거 이 고아들을 다 돕지 뭐'라거나 '기왕 이렇게 된 거 이 공동 정원에 건강에 좋은 식물을 심지 뭐'라고 말하지 않는 것처럼 말이다. '프렌치프라이를 한 개 먹어버렸어. 기왕 이렇게 된 거 차라리 1000개 더 먹어버리지 뭐.' 이처럼 흔히 항복의 의미로 백기를 들 때 사용하는 표현이 '기왕 이렇게 된 거 뭐'다.

완벽한 계획이 더 이상 완벽하지 않게 된 날, 우리는 바로 그런 말들을 한다. 그리고 그런 날은 절대 하루로 끝나는 법이 없다.

내가 시작한 '도전의 30일 프로젝트' 참가자들이 가장 많이 중도 하차하는 날이 언제인지 아는가? 대부분의 사람들은 23일째 혹은 15일째일 거라고 생각하는데, 전혀 그렇지 않다.

중도 포기자가 가장 많이 발생하는 날은 바로 둘째 날이다. 어떻게 그럴 수 있냐고? 불완전함이 모습을 드러내기까지는 그리 오랜 시간이 걸리지 않기 때문이다. 당신에게도 분명 그런 날이 있었을 것이다. 어느 월요일 아침, '벌써 9시라니, 이번 주는 망했군'이라고 생각해본 적 없는가?

불완전함은 잽싸게 찾아온다. 그리고 그 불완전함이 찾아왔을 때 우리는 대개 그만두고 만다. 그래서 더 이상 완벽하지 않은 날이 그렇게 중요한 것이다.

그날을 어떻게 보내는지가 모든 목표의 달성 여부를 좌우한다. 조깅을 하루 건너뛴 다음 날, 일찍 일어나는 데 실패한 다음 날, 도넛을 하루에 딱 한 개만 먹겠다고 결심한 다음 날이 바로 그날이다.

'더 이상 완벽하지 않은 날'은 시작만 하는 사람과 끝까지 완주하는 사람을 결정짓는 날이기도 하다.

목표를 달성하는 일은 우주선을 타고 우주를 가로지르는 것 같은 일이 아니다. 오히려 범퍼카를 타는 것과 훨씬 비슷하다. 어느 날 장애물 하나 없는 트랙을 신나게 달린다. 앞을 가로막은 게 없어서 아주 잠시 동안은 범퍼카를 몰고 빠르게 질주하며 신나는 기분을 만끽할 수도 있다. 그러다 다른 날에는 전혀 예상치 못한, 설명하기도 어려운 상황이 범퍼카 측면을 들이받고, 또 어느 날은 범퍼카 무리가 떼로 몰려와 앞을 가로막으며 온갖 짜증을 유발하기도 한다.

이런 일이 당신에게도 벌어진다. 당신은 완벽할 수 없을 것이다. 그러나 완벽함보다 더 중요한 것이 있다. 완벽주의는 감히 꿈도 못 꿀 만큼 오랫동안 당신을 도울 방법 말이다.

불완전한 모습 그대로 계속 나아가는 일, 바로 그것이 앞으로는 당신을 도울 문이 될 것이다.

더 이상 완벽하지 않은 날이 실패와 직결된다고 생각하며 도전을 포기하지는 말자. 그건 절대 사실이 아니다.

당신은 언제든 다시 도전할 수 있다.

오늘도, 내일도, 아니면 다음 주에라도.

'목표 달성'의 문 그리고 '완벽주의'의 문

완벽주의는 특히나 스스로를 훌륭함으로 가장하기 때문에 위험하다. 벌써 마음이 불편해진 독자가 있을지 모르겠다. 그렇다면 그건 완벽주의의 반대말이 실패라고 생각하기 때문이다. 하지만 그것도 사실이 아니다.

완벽주의의 반대말은 '목표 달성'이다.

이 책을 읽는 동안 그리고 인생을 살아가는 동안 우리는 두 개의 문 앞에 서게 될 것이다. '목표 달성'이라는 문은 미지의 모험과 기회, 새로운 이야기 속으로 당신을 안내할 것이며, '완벽주의'라는 문은 절망, 수치심, 이루지 못한 소망을 똘똘 뭉친 단단한 벽 앞으로 당신을 이끌 것이다.

이 모든 과정 중 가장 최악인 것은 목표를 세우기만 하고 끝까지 완주하지 못했을 때 우리가 끔찍한 기분을 맛보게 된다는 점이다.

목표를 세운다는 건 자기 자신과 약속하는 일이다. '몸무게를 몇 킬로그램 감량해야지. 옷장을 정리할 거야. 블로그를 시작해볼까. 그동안 연락을 못한 친구에게 오랜만에 연락을 해야지'와 같은 목표를 세운 순간 당신은 스스로와 무언의 약속을 한 셈이다. 만일 목표를 달성하지 못한다면 그 약속은 깨지고 이는 당신과 가장 많은 시간을 보낸 사람, 바로 당신 자신에게 거짓말을 한 상황으로 이어진다.

그렇게 수차례 약속을 깨고 나면 당신은 스스로를 불신하기 시작한다. 놀랄 일도 아니지 않은가. 누군가가 함께 커피를 마시자고 열두 번도 넘게 제안을 한 뒤 매번 나타나지 않았다면 당신이 더는 그 사람을 믿지 못하게 되는 일처럼 말이다.

왜 그렇게 많은 사람들이 새해 계획을 지키지 못하냐고? 그들은 작년에도, 재작년에도, 그리고 그 전년도에도 그랬기 때문이다. 도중에 그만두는 일이 여러 차례 반복되면, '새로 세운 목표를 중도에 포기하는 것'은 더 이상 단순한 가능성에 그치지 않고 이내 당신의 성격으로 자리 잡는다. 그리고 그 사실을 깨닫는 순간 끔찍한 기분이 밀려오기 시작한다.

사람들은 자신이 달성한 목표보다 달성하지 못한 목표들을 기억하기 마련이다. 어느 것 하나 놓아주지 못하는 당신의 성격, 계획한 일을 끝내지 못했다는 찝찝함이 당신을 갉아먹는 기분은 그저 단순한 기분이 아니다.

이는 마치 도로 한가운데 움푹 패인 구멍처럼 당신의 기록에 새겨진 오점으로, 깨끗이 잊고 싶어도 무한히 재생되며 당신을 괴롭히는 지독한 감정이다. 목표를 세웠으나 삶에 치여 주저앉아 있을 때, 바로 그 순간에 이 기분은 뿌연 안개가 시야를 가리고 불안을 안기듯 우리를 엄습해온다.

반대로 당신이 중요하게 생각하던 일을 끝낸 기분은 무엇과도 바꾸고 싶지 않은 아주 충만한 감정이다. 무언가를 시작했을 때 순간적으로 잠시 느끼는 환희는 시작한 일을 완성한 뒤 느끼는 뿌듯하고 벅찬 감정에 비할 수 없다. 그래서 5킬로미터 마라톤을 끝낸 뒤 받은 인생 첫 메달은 애지중지해가며 간직할 수밖에 없다. 시간이 얼마나 걸렸든 오로지 자신이 해냈다는 사실만이 중요하게 느껴진다. 마침내 결승선에 들어선 순간, 훈련에 쏟아부은 하루하루가 가치 있는 날들로 기억된다.

우리의 목표는 학위일 수도 있고 사업을 시작하고 처음 번 1달러 혹은 그럴싸한 직함이 적힌 명함일 수도 있다. 목표의 크기가 크든 작든, 그것은 중요하지 않다. 어쨌든 당신은 해냈고 그 사실 만으로 끝내주는 기분을 느낄 수 있다.

그런데 문제는 완벽주의가 당신의 실수들을 부풀리고 성과는 축소한다는 것이다. 완벽주의의 사전엔 엄청난 성공 같은 건 없다. 단 하나의 카드라도 완벽하지 않으면 집 전체가 무너져 내리는 것처럼, 완벽주의는 당신의 목표를 '카드로 지은 집'으로 여긴다. 그리고 아주 작은 실수 하나만 발생해도 전체 목표가 실패로 돌아간 것처럼 우리를 낙담시킨다.

또한 완벽주의는 우리에게 지나치게 높은 목표를 갖게 한 뒤 계획을 망쳐놓는다. 92퍼센트의 계획이 실패로 돌아가는 데에는 1000가지도 넘는 원인이 있겠지만, 당신을 가장 크게 기만하는 결정적인 원인이 이 완벽주의에 있는 셈이다.

자꾸만 이용당하는 우리의 선한 욕심

우리는 늘 더 나은 것을 목표로 한다. 더 나은 외모, 더 나은 기분, 더 나은 나 자신. 그런데 갑자기 한순간에 '더 나은'이 '최고의'로 돌변한다. 작은 성장 따위는 가당치도 않게 여기며, 하룻밤 사이에 어마어마한 성공을 거두고 싶어 한다. 이렇게 완벽주의는 약삭빠르게 빈틈을 파고들며 조금씩 더 나은 모습으로 발전하고 싶어 하는 우리의 선한 욕심을 철저히 이용한다.

마라톤을 완주할 수 있는데 5킬로미터만 달리고 싶은 사람이 누가 있겠는가? 우주에서 온 좀비 늑대 인간이 사랑에 빠지는 '보름달 같은 사랑'이라는 제목의 소설 3부작을 써낼 수 있는데 목차 정하는 일만 목표로 삼고 싶은 사람이 어디에 있겠는가? 10만 달러를 벌 수 있는데 고작 1만 달러를 목표로 하는 사람이 어디 있겠느냐는 말이다.

실제 사례를 조사하기 위해 나는 페이스북 친구들에게 완벽주의에 관한 질문을 던졌다. 한 친구가 완벽주의를 다음과 같이 묘사했다.

"내가 해낼 수 있을 거라는 믿음을 가지고 무언가를 시작한다. 그러다 신이 나서 꿈에 부풀어 오른다. 처음에는 자신감도 넘치고 내가 뭘 하고 있는지 완전히 감을 잡은 것 같은 기분이 든다. 꿈이 더 커지고, 점차 완벽함을 추구하기 시작한다. 그러다 난데없이 나는 그 일에 적임자가 아니라는 기분이 엄습한다. 그 일을 그토록 완성도 있게 해낼 방법을 모르기 때문이다. 점점 꿈은 사라지고 목표도 잊히고 만다. 가장 흥미로운 점은 지금까지 언급한 일들은 상상에서만 이루어진다는 사실이다. 정작 지금까지 내가 시작한 건 아무것도 없다."

'꿈을 좇아라, 목표를 달성해라' 등 우리의 도전 의식을 자극하는 말들은 우리를 이러한 방향으로 이끌고 만다.

동료 작가 한 명은 독자들에게 '당신이 더 잘하고 싶은 것이 있다면 그것을 완벽하게 해내는 당신이 주인공인 영화 한 편을 시각화해 볼 것'을 주문한다. 여기서 '완벽하게'라는 단어는 반드시 들어간다. 그 상상 속 영화에서는 당신이 무언가를 반복해서 완벽하게 해낸다. 어느 시점이 되면, 당신은 심지어 그 영화 속으로 기어들어가 그 일에 대한 완벽한 감을 잡게 된다. 영화 감상이 끝나면 이제 머릿속에 떠오른 그 이미지를 '작은 크래커만 한 크기'로 축소시키라는 지침이 떨어진다.

자신의 목표를 상상 크래커로 변신시키라는 이 지침을 처음 읽자마자 나는 웃음을 터뜨렸다. 다음에 이어질 문장을 예상할 수 있었고, 그 문장이 나를 실망시키지 않으리라는 것을 알고 있었기 때문이다.

'크래커만큼 작아진 그 영화 스크린을 입에 넣고 꼭꼭 씹은 뒤 삼켜 버려라.'

지금껏 수없이 들어온 동기부여에 관한 충고를 따르기가 어렵다면, 꼭꼭 씹어 삼킨 이 상상 크래커를 떠올리도록 하자.

완벽을 추구하면 할수록 목표는 더 멀어진다.

완벽주의를 포기하는 게 퇴보하는 것 같은 기분을 준다는 걸 알고 있지만, 연구 결과는 완벽함을 포기하라고 끊임없이 이야기한다.

크래커를 먹어버림으로써 완벽주의라는 악당의 입을 다물게 할 수 있다면 좋으련만, 완벽주의는 그렇게 쉽게 물러서지 않는다. 어찌나 끈질긴 족속인지, 완벽주의는 우리의 무의식 깊숙이 파고든다. 크래커 하나를 꿀꺽 삼켜버리듯 절대 그렇게 쉽게 사라지지 않는다.

이 책 전반에 걸쳐 우리는 완벽주의라는 악당과 계속해서 마주칠 것이다. 완벽주의는 당신이 목표를 향해 달려가는 내내 당신을 쓰러 뜨리기 위해 있는 힘을 다 쏟아낼 것이다. 모퉁이마다 당신을 기다렸다가 정강이를 걸어차고, 당신을 의심으로 가득 채울 것이다.

그걸 어떻게 아냐고? 완벽주의 타파를 위해 노력한 내가 아는 모든 사람도 그리고 나도 똑같은 경험을 했기 때문이다. 꽤 괜찮은 경험이었다. 사람들 대부분이 모르는 사실을 알게 되었으니까 말이다.

목표 달성을 위해 가장 중요한 날은 첫째 날이 아니다.

'더 이상 완벽하지 않은 그날'이 가장 중요하다. 그리고 이제 우리는 그날을 맞이할 준비를 마쳤다.

때론 고통스럽고 불편할지도 모른다. 하지만 이 작은 불편을 견디는 방법만 배우면, 당신은 더 이상 완벽하지 않은 그날을 넘어설 힘을 얻게 된다. 그리고 그 힘으로 자신과의 약속을 지킬 수 있을 것이고, 비로소 끝까지 해낼 수 있을 것이다.

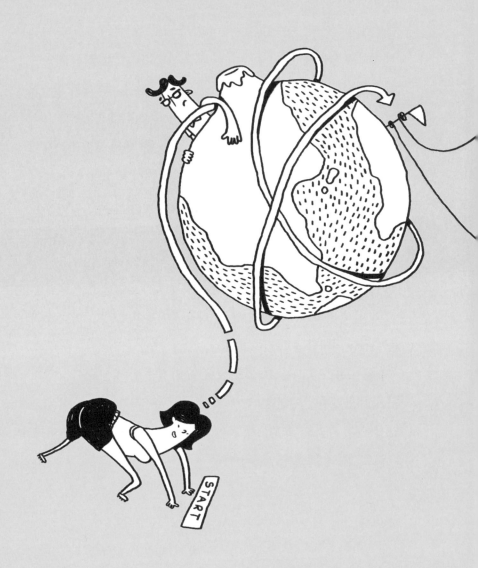

2장

왜 시작부터
거대한 목표를
세울까?

<< 목표가 높을수록 실패하는 이유 >>

당신이나 나 같은 만성 시작 환자의
경우 정해진 시간 동안 해낼 수 있는
일의 양을 지나치게 높게 설정하는
경향이 있다. 그런데 그 벅찬 목표를
달성하지 못했을 때, 사람들은 용기
를 잃고 중도에 포기하며 결국 절대
로 계획을 끝까지 실천하지 못한다.

대학교 1학년 때, 나는 교내 풋볼 팀에 가입하고 싶었다. 호리호리한 체격에 175센티미터라는 딱 적당한 신체조건을 가진 내 기준에서 풋볼 팀 가입은 너무나도 당연한 일이었다. 호랑이가 정글 밖에서 살수는 없는 일 아닌가.

나는 필드골(골포스트 사이로 공을 차서 3득점을 얻는 골) 키커가 되기로 결심했다. 그길로 스포츠용품 판매점에 가서 풋볼용 공과 공 거치대를 샀다. 밤늦게 앨라배마 주 버밍햄에 위치한 경기장에 몰래 들어가 킥 연습을 할 생각이었다.

한 번이라도 필드골을 차본 적 있냐고? 없다. 풋볼 경기에서 공격을 해본 적이 있냐고? 전혀 없다. 한밤중에 펼쳐진 혼자만의 연습 시간에 필드골을 성공시킨 적이 있냐고? 단 한 번도 없다. 그렇다면 풋볼로 유명한 오번대학교 팀과 종종 경기를 치르는 우리 대학 풋볼 팀에 1군 필드골 키커로 합류할 수 있다고 생각한 이유가 대체 뭐냐고?

내가 정신이 나갔기 때문이다. 정말 바보 같은 목표였다.

그런데 나만큼 무모하진 않겠지만 당신도 불가능해 보이는 목표를 세운 경험이 분명 있을 것이다.

우리는 종종 시작할 때부터 거대한 목표를 세우곤 하는데, 이유는 간단하다. 이게 다 완벽주의 때문이다.

목표 달성을 위해 달리는 동안 완벽주의는 우리에게 끊임없이 말을 걸어온다. 처음에는 당신이 무언가를 완벽하게 할 수 없을 테니, 아예 시작을 안 하는 편이 좋겠다고 말한다. 그 많은 시간을 낭비하고 실패하느니 지금 포기하는 편이 훨씬 낫다는 것이다.

완벽주의는 당신이 시작해서는 안 되는 이유가 줄줄이 나열된 아주 긴 목록을 제시한다.

"당신은 너무 늙었어. 당신은 너무 어려. 너무 바빠. 목표가 너무 많은 데다 어떤 목표에 집중해야 할지 몰라. 돈도 지원도 부족해. 누군가가 당신이 원하는 그 일을 이미 시작했는데 그 사람은 심지어 당신보다 똑똑하고 능력도 좋지."

만일 당신이 완벽주의의 만만치 않은 초반 공격에도 이를 무시하고 무언가를 시작한다면, 완벽주의는 이 시점부터 태세를 180도 전환한다. 당신은 이제 그 일을 완벽하게 해내야 한다고 주장하기 시작하는 것이다. 시작한 이상 완벽하게 해내야만 당신의 성취를 인정할 수 있다고 당신을 몰아붙인다.

'완벽하게 해내라' 전략이 기발한 이유는 겉으론 합리적인 것처럼 보이기 때문이다. "무언가를 해낼 생각이라면 이왕이면 멋지게 해내야 하는 것 아닌가? 전설로 길이길이 남겨야 되지 않겠냐는 말이다. 멋지게 해낼 거 아니면 괜히 아무 일에 손대지 말고 집에나 가시라!"

완벽주의가 불러온 계획의 오류

여기서 우리는 완벽주의의 두 번째 거짓말을 맞닥뜨린다. "더 큰 목표를 가져라."

재미있지 않은가. 사람들은 보통 목표가 크면 클수록 그 목표를 떠올리며 초반에 더 서두르게 된다. 하지만 오늘, 나는 감히 독자들에게 이와는 정반대로 행동할 것을 권하려고 한다. 당신의 목표를 지금의 절반으로 낮추었으면 한다. 목표의 개수를 줄이라는 것이 아니다. 내가 권하는 대로 하면 오히려 당신은 더 많은 것을 해내게 될 것이다.

이런 식으로 생각해보는 건 어떨까? 우리의 기대감이 최고조인 초반에는 일의 결과 역시 최고여야 한다고 생각한다. 100미터도 달려본 적 없는 사람들이 마라톤에 도전할 것이라고 자신 있게 말하는 이유도 여기에 있다. 그들에게 "하프 마라톤에 나가본 적은 있습니까? 5킬로미터 마라톤은요? 1킬로미터라도 뛰어본 적은 있습니까?"라고 정중하게 묻고 싶다.

돌아오는 답은 백이면 백 모두 '아니오'다. 단 한 번도 뛰어본 적 없는 사람들이 마라톤을 하겠다고 나서는 근거 없는 자신감은 도대체 어디서 나오는 것일까.

앞서 말한 목표의 92퍼센트가 실패로 돌아가는 이유에 대해 생각해본 적 있는가? 이는 우리가 황당할 정도로 긍정적인 목표를 세우는 경향이 있기 때문이다.

이를 '계획의 오류Planning Fallacy'라고 하는데, 이 개념은 노벨경제학상을 수상한 심리학자 대니얼 카너먼Daniel Kahneman과 아모스 트버스키Amos Tversky가 처음 연구했다. 연구자들은 이 문제를 '주어진 과제를 완료하는 데 얼마의 시간이 필요한지에 관한 예측이 '낙관주의적 편향'을 불러일으키고, 그로 인해 예상 소요 시간을 낮춰 잡게 되는 현상'으로 묘사했다. 거듭된 연구 결과, 사람들이 흔히 '계획의 오류'를 범하는 경향을 갖고 있음이 입증되었는데, 내가 가장 즐겨 드는 사례는 '우등 논문honors theses'에 몰두하는 대학교 졸업반 학생들이다.

심리학자 로저 뷸러Roger Buehler는 학생들에게 최선, 최악의 시나리오를 각각 적용하여 자신이 논문을 완성하기까지 시간이 얼마나 필요한지 예측해보도록 했다. 학생들이 예측한 평균 소요 시간은 34일이었다. 그러나 실제로 학생들이 논문을 끝내는 데는 56일이 걸렸다. 처음 예측치의 약 두 배에 달하는 시간이 걸린 셈이다.

흥미로운 점은 최악의 시나리오에 따른 기한 안에도 논문을 제출하지 못한 학생들이 절반을 넘는다는 사실이다. 모든 일이 잘못 흘러가는 상황을 가정했음에도 학생들은 보기 좋게 예측에 실패했다.

우리는 모든 형태의 목표 설정 과정에서 '계획의 오류'가 흉측한 고개를 쳐드는 것을 목격한다. 내 친구는 스물세 살 때 대단한 도전에 나서기로 결심했다. 그는 러닝머신과 한 달에 한두 번 할까 말까 한 축구 경기에서 달린 것 외에는 달리기를 해본 적이 없었다. 그리고 한 달에 두어 번 수영장 레인을 몇 번 왔다 갔다 한 게 수영 경험의 전부였고, 자전거라고는 헬스클럽에서 실내 사이클을 아주 가끔 타봤을 뿐이다. 그런데 그때 내 친구가 한 결심이 뭐였냐고? 텍사스 주 샌안토니오에서 열리는 '철인3종경기' 출전이었다.

"훈련할 수 있는 시간이 8개월이나 있었기 때문에 식이조절부터 계획하기 시작했어. 이미 헬스클럽은 주중에 매일 다니고 있었기 때문에 근력 훈련보다는 달리기, 수영, 자전거에 더 많은 시간을 할애해야겠다고 생각했어. 그래서 계획을 세우고 도전에 임할 만반의 준비를 마쳤지. 그리고 그 뒤로 난 다시는 헬스장에 가지 않았어."

여기서 발견한 놀라운 사실은 새로 세운 목표가 이미 꾸준히 하고 있던 일까지 망쳐버렸다는 점이다. 철인3종경기라는 원대한 계획이 드러나기 전까지 그는 꾸준히 헬스장에 가서 운동을 했다. 그런데 경기에 나가지 않기로 하자 그 결정은 거기에서 그치지 않고, 이미 꾸준히 하고 있던 일까지 그만두게 만들었다. 목표의 크기를 잘못 설정했을 때 얼마나 파괴적인 결과가 나타나는지를 잘 보여주는 사례다.

성공 확률을 높이는 다른 접근 방법

처음부터 지나치게 높은 목표를 세운다면 '목표 달성'은 그저 닿을 수 없는 꿈같은 일이 될지 모른다. 이 사실은 데이터로도 입증된다.

'도전의 30일 프로젝트'가 9일째에 접어들자, 나는 참가자들에게 목표를 절반으로 줄일 것을 권했다. 내 이론에 따르면, 사람들 중에서도 특히 당신이나 나 같은 만성 시작 환자의 경우 정해진 시간 동안 해낼 수 있는 일의 양을 지나치게 높게 설정하는 경향이 있다. 그런데 그 벅찬 목표를 달성하지 못했을 때, 사람들은 용기를 잃고 중도에 포기하며 결국 절대로 계획을 끝까지 실천하지 못한다.

예를 들어 5킬로그램 감량 계획을 세운 뒤 3킬로그램만 감량했다면, 목표 달성에는 실패한 셈이다. "달을 목표로 하라. 설사 달까지 가는 데는 실패할지라도 적어도 다른 별에는 착륙하게 되어 있다"라는 격언도 있지만, 냉혹한 현실은 우리에게 그다지 너그럽지 않다. 완벽주의의 양자택일식 사고는 '거의 다 온 것'은 쳐주지도 않는다. 달 대신 착륙한 별만으로는 만족할 수 없는 것이다. 이런 식으로 우리의 목표 달성 과정을 재단한다면, 중도 포기하게 만들 이유는 드넓은 바다만큼이나 차고 넘친다.

그러나 5킬로그램이었던 원래의 목표를 절반인 2.5킬로그램으로 줄이고 3킬로그램을 감량한다면, 그 승리의 기억 덕분에 앞으로도 계획을 꾸준히 실행해나갈 확률이 높아진다. 감량한 체중은 동일하지만 두 번째 접근 방식은 당신의 초기 목표 달성과 그 이후에 이어질 새로운 도전을 보장하는 셈이 된다.

"목표를 반으로 줄이라"는 말은 헬스장 벽면에서 좀처럼 보기 힘든 종류의 문구다. 완벽주의가 시도 때도 없이 건네는 속삭임에 이미 익숙해진 사람에게는 이것이 속임수를 쓰는 것처럼 보일 수도 있다. 하지만 분명, 효과가 있다.

마이크가 보내준 '도전의 30일 프로젝트' 연구 결과 보고서 내용 중에서 특히 눈에 띄는 결과가 있었다. 그것은 '목표를 절반으로 낮춘 참가자들은 그들이 과거에 참가한 유사한 도전 프로그램과 비교했을 때보다 63퍼센트 이상 높은 성과를 달성했'라는 사실이다.

그뿐 아니라 목표를 절반으로 줄인 참가자들의 90퍼센트가 목표 달성을 향한 열망이 강해졌다고 답했다. 목표를 줄이는 방법은 그들이 계속해서 목표를 향해 달릴 수 있도록 힘을 주었고, 달성이 가능해 보이는 목표를 설정하도록 함으로써 도전에 더욱 열심히 임하게 했다.

지름길을 택한 참가자들은 결국 끝까지 해낼 수 있었다.

무작정 내 말만 믿으라고 떼쓰지는 않겠다. 여기서 잠깐 이러한 접근 방식을 택했던, 당신과 별반 다르지 않은 보통 사람들의 사례를 소개한다.

처음에 나는 30일간 매일 블로그에 300자 이상의 새 포스트를 작성하겠다고 정했다. 그 뒤로 목표를 줄여 매일 100자 이상의 블로그 포스트를 작성하기로 계획을 수정했는데, 결과는 성공적이었다. 30일 중 28일 동안 300자 이상의 포스트를 작성했고 나머지 이틀은 100자 이상의 포스트를 작성했다. 나의 목표는 매일 글을 쓰는 것이었고, 나는 매일 글을 썼다.

나는 언제나 내가 씹을 수 있는 것보다 훨씬 많은 양을 한 입에 털어 넣는다. 그래서 내겐 목표를 절반으로 줄이라는 말이 고맙게 느껴질 정도였다. 나는 도중에 목표를 네 번 수정했는데, 불가능할 정도로 시간이 오래 걸리는 일이었기 때문이다. 원래 설정했던 목표를 달성할 수는 없었지만, 한 달 전에 비해 훨씬 더 멀리 올 수 있었다. 목표의 다음 단계를 달성하기 위해 나선 지금, 나는 내 생각을 현실로 만들어줄 강력한 도구를 가진 기분이다.

나는 3킬로그램을 감량했다. 5킬로그램을 목표로 했지만 목표를 절반으로 줄였기 때문에 그냥 목표를 달성한 게 아니라 초과 달성하게 된 것이다. 또 한 번의 '도전의 30일'을 위해 건배!

각각의 사례에서 어떤 일이 있었는지 알아챘는가? 그들은 목표를 절반으로 줄였지만 여전히 계획을 멋지게 달성했다. 여기서 가장 중요한 부분은 그들이 다시 열정적으로 도전에 나선다는 점이다. 그게 핵심이다. 많은 사람들은 지름길을 택하는 이 접근법이 과연 효과가 있을까 하고 의심한다. 그러나 여기에는 달성하지도 못할 높은 목표를 세우도록 강요하는 하드코어한 완벽주의 접근법이 간과한 것이 있는데, 바로 '속도'의 중요성이다.

목표 달성 과정은 단거리 달리기가 아니라 마라톤이다. 내가 제안하는 방법을 따라 당신이 작은 목표를 세우고 그것을 매달 달성해나간다면, 분명 그 전달보다 더 많은 목표를 더 많이 달성할 수 있을 것이라고 확신한다. 이 접근법은 1년 동안, 혹은 심지어 인생 전체를 기준으로 했을 때에도 '한 달 동안 스스로를 몰아붙이기' 접근법보다 언제나 더 많은 것을 달성하게 해줄 것이다. 그리고 다음의 두 가지 못된 습관 중 하나는 반드시 고칠 수 있다.

하나, 목표 달성에 실패했으니 포기하기

둘, 목표를 달성하느라 너무 피곤하니 포기하기

무엇보다 속도를 고려한 접근법의 효과를 증명하는 최고의 힌트는 마지막 사례의 참가자가 한 말에 담겨 있다.

"또 한 번의 '도전의 30일'을 위해 건배!"

결코 줄일 수 없는 목표?

갚아야 하는 신용카드 빚이 5만 달러라면 어떨까? 그 금액을 모두 상환하는 것이 당신의 목표인데, 목표를 절반으로 낮춰 잡아 2만 5천 달러밖에 상환하지 못한다는 생각만으로도 속이 메스꺼워진다면?

절반으로 줄이기 어려운 목표들이 있다. 그런 종류의 목표는 절반으로 줄이는 게 아니라 스스로에게 시간을 조금 더 주는 게 옳다. 이쯤에서 자신에게 질문을 던져보자. 스스로 정한 부채 상환 기한을 두 배로 늘렸을 때 발생할 수 있는 최악의 상황은 무엇일까? 이자를 조금 더 내긴 하겠지만 어쨌든 다 갚게 될 것이다. 기억할 점은, 중도 포기는 안 된다는 거다.

우리의 선택지는 '목표를 완벽하게 달성하기' '목표를 절반으로 낮춰 잡기' 그 둘 중에 하나가 아니다. 지금 우리에게 주어진 선택지는 다음과 같다.

하나, 지나치게 큰 목표이므로 포기하기

둘, 목표를 절반으로 줄여 어쨌든 끝내기

내 목표는 당신을 92퍼센트의 실패자 중 한 사람으로 만들지 않는 것이다.

이를 위해 목표 달성 기한을 미뤄야 한다면, 그렇게라도 하자. 목표를 절반으로 낮춰 잡기, 또는 마감일을 두 배로 늘리기 두 옵션은 대부분의 목표 달성 과정에 적용될 수 있다.

물론 '꾸준히 약 복용하기'처럼 생명 유지를 위해 필요한 일을 목표로 삼은 사람이라면 결코 목표를 절반으로 줄여서는 안 된다. 동료의 얼굴에 주먹질을 하지 않는 것을 목표로 삼았으니 원하는 것의 절반만큼은 실컷 주먹질을 해도 된다는 뜻도 아니다. 경기를 위해 훈련 중이고 그에 따른 엄격한 훈련 계획을 세웠다면, 그 계획을 지키자. 운동선수들의 훈련 계획은 '목표 절반으로 줄이기' 접근법과는 어울리지 않는다. 운동선수의 훈련 계획은 이미 전문가가 지나친 운동 강도 때문에 중도 포기할 일이 없도록 꼼꼼하게 세웠을 것이기 때문이다.

'목표 줄이기'를 회사에 적용한다면?

직장에서 상사가 할당해준 업무 목표라면 '목표 절반으로 줄이기' 접근을 적용할 수 없는 경우도 있다. 회사의 연간 목표를 절반으로 줄일 결정권이 당신에게 주어진다는 것 자체가 불가능한 상상이다. 하지만 당신에게 결정권이 없는 기업 차원의 목표여도, 목표를 낮추어 잡는 것이 장기적으로 목표 달성에 더 효과적이라는 연구 결과를 적절히 제시한다면 실현 가능한 목표를 세우는 일에 도움을 줄 수 있다.

나는 단 한 종류의 제품 성공으로 20년 만에 500만 달러의 연간 수익을 올린 회사에서 일한 적이 있다. 어느 해엔가 회사 대표는 아직 테스트도 거치지 않은 신제품 출시로 향후 5년간 5백만 달러의 수익을 추가로 올린다는 목표를 제시했다. 대표가 이 공격적인 목표를 발표했을 때 회의실에 있던 직원 모두가 웃으며 화답했지만, 그들의 진짜 속내는 휴게실에서 오갔다.

그 목표를 달성하는 것이 불가능하다는 것을 모두가 알고 있었다. 달성할 수 없는 목표일 뿐만 아니라 도를 넘어선, 무책임한 목표라는 것이 공론이었다. 이를 위해 과도한 자본이 소요되고, 회사의 원래 목표를 향해 달려온 직원들의 주의를 흩트릴 것이며, 결과적으로 흐지부지될 것이 불 보듯 뻔했다. 그리고 그 후 정확히 그런 일들이 벌어졌다. 절망적인 한 해를 보낸 뒤, 회사는 그 목표를 수정하고 변경했다가 결국 폐기하고 말았다.

감당할 수 없는 목표를 세우는 리더의 사기가 꺾일 일은 그리 많지 않다. 만일 당신이 감당할 수 없는 목표를 세운 그 리더이고 스스로와의 약속을 지키지 못했을 때 의기소침해지는 성격이라면, 그 의기소침함에 100 또는 1000을 곱해보자. 그게 당신이 의기소침하게 만든 직원의 숫자다.

그렇다면 목표 절반으로 낮춰 잡기 접근을 어떻게 기업에 적용할 수 있을까? 애초에 감당할 수 있는 목표를 설정하면 된다. 그러니까 그걸 어떻게 하냐고? 앞으로 이 책 전반에서 목표 달성에 중요한 요소와 그 방법에 대해 다룰 것이다. 조직 목표 설정의 핵심은 실제로 목표를 절반으로 줄일 수는 없다고 해도, 기업 내에 만연한 '위험한 낙관주의'와 '계획의 오류'를 경감하는 데 있다는 점은 분명히 기억해 두기 바란다.

악당에게 시간표를 빼앗기지 말자

적과의 전쟁에서 당신이 취할 수 있는 건 '방어와 공격', 이 두 가지 태세다. 방어 태세는 당신이 공격을 받을 경우에 대한 대비이고, 공격 태세는 선수를 치는 것이다.

1장에서 우리는 방어 태세를 갖췄고, 우리의 계획을 부수기 위해 반드시 찾아올 '더 이상 완벽하지 않은 날'에 대비했다. 그날이 올 것을 알았기 때문에 준비해둔 것이다. 이번 장에서 우리는 공격 태세를 취해 처음부터 목표를 절반으로 낮추기로 결정했다. 그럼에도 여전히 목표를 낮추는 것이 꺼려진다면, 간단한 연습을 추천한다. 스스로에게 '목표를 낮췄을 때 일어날 최악의 일이 무엇인지' 묻는 것이다.

목표를 절반으로 낮춘 상황을 가정해보자. 온 집안을 뒤집어엎는 대청소라는 목표 대신 일단 방 두 개만 청소하기로 정한다. 지난 수년간 어수선했던 집이 탐탁지 않은 당신은, 방 두 개를 청소한 것만 가지고는 그 결과가 영 마음에 들지 않을 것 같다. 이 순간 흥미롭게도, 완벽주의가 당신에게 말을 걸어온다. '금방 해치울 수 있잖아?'

상황에 따라 수시로 모습을 바꾸는 완벽주의의 전략이 보이는가? 당신이 목표를 세운 순간 모습을 드러내고 '당신은 절대 그 일을 해내지 못할 것'이라고 말하는 심술궂은 완벽주의를 기억하자. 이처럼 순식간에 전략을 변경한 완벽주의는 이제 당신에게 '완벽하고 빠르게'

해내라고 다그쳐댄다.

목표를 절반으로 낮추는 대신 목표 달성에 할애하는 시간을 두 배로 늘린다면 어떨까? 어수선한 집에서 5년을 살았는데, 청소를 위해 한 달 더 어수선한 집에서 지내는 일이 그토록 끔찍할 이유가 있을까? 결심하기까지 60개월이 걸린 일을 당장 이번 달 안에 서둘러 해치워야 하는 이유는 또 무엇이란 말인가?

완벽주의는 '지금 아니면 안 돼'라고 말할 것이다. 지금 그걸 끝내지 않으면 평생 해낼 수 없을 거라는 강박에 영원히 시달리는 게 완벽주의다. 새해 계획 대부분은 실제로 1월 계획이나 다름없다. 대단히 훌륭한 한 달을 보내고 싶은 마음에, 한 해의 첫 3주 동안 스스로를 몰아붙이다가 지쳐서, 그 노력을 대체로 2월까지 이어가지 못한다. 그게 바로 당신의 시간표를 손바닥 위에 올려놓고 통제하려는 완벽주의의 계획이다.

앞서 말한 이 접근법이 지금까지 당신이 들어온 목표 설정 관련 격언들과는 정반대라는 걸 안다. 하지만 여기서 우리가 노리는 바가 두 가지라는 것을 절대 잊지 말자.

하나, 끝까지 해내기
둘, 완벽주의 물리치기

완벽주의는 이번 장을 끔찍이도 싫어한다. 목표를 절반으로 줄이라니! 완벽주의에게는 아킬레스의 건이나 다름없다. 그건 말도 안 되는 일인 데다가, 틈만 나면 당신의 목적을 방해하려는 완벽주의에 반기를 드는 셈이기 때문이다. 하지만 이를 통해 당신은 완벽주의에 굴복하지 않게 될 뿐 아니라, 시작도 전에 이미 성공 궤도에 오르게 된다.

낯선 기분이 들 것이다. 한 번도 이런 접근 방식을 취해본 적이 없으니까 말이다. 하지만 지난번과 같은 결과를 다시는 손에 쥐고 싶지 않다면, 이제 새로운 방식을 시도해야 한다.

그 시작은 강조컨대, 목표를 절반으로 낮추는 일이다.

Action Plan

🔥 당신이 목표로 삼았던 일들을 떠올려보자. 감당하기에 너무 큰 목표였는가? 당시에 어떤 일이 있었는지 적어보자.

🔥 목표로 하는 일을 숫자로 적어보자. ('느낌'을 절반으로 낮춰 잡는 건 어려운 일이니까.) 책을 10권 읽는 것이 목표인가? 방 4개를 정리할 계획인가? 10킬로그램을 감량하기로 결심했는가? 월 소득 5000달러를 목표로 하고 있는가?

🔥 목표를 절반으로 낮춰 잡거나 마감일을 늦출 수 있는지 판단하자.

🔥 신뢰하는 사람과 당신의 목표를 공유하고, 혹시 당신의 목표가 지나치게 높은 것은 아닌지 상의하자.

🔥 목표를 절반으로 낮추는 것이 못마땅하다면, 잠시 멈추어 다음 질문에 대한 답을 생각해보자. "목표를 낮췄을 때 일어날 수 있는 최악의 상황은 무엇인가?"

3장

우리의
시간을 맞치는
대단한 착각

 '모두 다 해내기' 신화

자신을 끊임없이 몰아치다 한계에
직면했을 때, 사람들이 대개 어떠한
줄 아는가? 주머니 속에서 손수건을
꺼내 잠시 땀을 닦으며 쉬어갈 것 같
지만 전혀 그렇지 않다. 오히려 대부
분 사람들은 휴식이 필요한 바로 그
순간에 포기하고 만다.

"저희의 모든 역량을 고객님의 마당 잔디에 쏟아부을 수 있어서 정말 기쁩니다."

정원 관리사가 말했다. 그건 "고객님의 정원 상태는 제가 지금까지 봐온 것 중에서도 정말 최악이군요"의 다른 표현이었다. 우리 가족이 애틀랜타에 살고 있을 때의 일이었는데, 멀리서 보면 그냥 녹음이 짙은 평범한 마당이었다.

하지만 조금만 가까이 다가와서 보면, 잡초를 다 제거하고 난 뒤 우리 집 마당엔 온통 조지아 주의 붉은 토양만 남게 될 거라는 사실을 누구든 한눈에 알 수 있었다. 잡초 대 잔디 비율이 10대 1이었으니까 말이다. 그 정원 관리사는 우리 집 진입로 앞에 서서 기대에 찬 미소를 지어 보였다.

그는 샌드과자의 조상 격인 '하이드록스 쿠키'보다 더 화학적인 이름의 서비스를 열두 가지도 넘게 판매할 수 있으리라 확신했던 게 분명하다. 어디 그뿐인가. 우리 집 마당 잡초 사이에서 새로운 식물 종을 발견해 식물학자들이 으레 하는 행동을 흉내 내며 자신의 이름을 딴 식물을 발표하는 것도 있을 법한 일이었다. 당시 정원 상태는 잡초 연구소라고 해도 과언이 아니었다.

대체로 마당이 그 꼴이 되면, 수치심을 느끼는 건 주로 남편 쪽이다. 잘 꾸민 마당은 남성다움의 발로이자, 이웃집 남편과 함께 그릴 위에 바비큐를 굽다가 거들먹거리며 나눌 대화의 소재이기도 하니까 말이다.

하지만 난 내 마당이 전 세계를 누비는 오지 탐험가가 욕심을 낼만한 정글이 되었대도 신경 쓰지 않았고, 설령 마당에 불이 붙었대도 조금도 관심 갖지 않았을 것이다.

왜냐고? 난 당시 갓난 아이 둘을 키우고 있었기 때문이다.

아이들은 인생의 위기다. 아름다운 위기임은 분명하나 어쨌든 위기는 위기다. 그러나 당신에게 이런 말을 해주는 사람은 거의 없을 것이다. 인간이 가진 종족 번식 본능은, 육아의 어려움을 숨기게 만든다. 그래야 그 사실을 모르는 당신도 아이를 낳을 테니까. 사실 육아에 한창 전념할 때는 당신도 그 어려움을 잘 깨닫지 못한다. 그 시기에 당신의 유일한 목표는 '아이 일찍 재우기'라는 결승선을 넘어 살아남는 것뿐이니까 말이다.

"아빠, 아직 해가 중천이야. 다른 애들 노는 소리가 들린단 말이야."

"그래서 그게 뭘 어쨌다고. 우린 잘 시간이야."

아이가 자란다고 해도 육아는 결코 쉬워지지 않는다. 어느 날 밤, 11살 난 딸아이가 내가 죽으면 자신은 그 '죽음의 돈'으로 남은 생을 살아갈 것이라고 말했다.

"생명 보험금 말이니?" 내가 묻자, 아이가 답했다. "응, 그거."

그나마 아이가 초등학교에 입학할 나이쯤 되면 어느 정도 설득이 가능한 수준은 된다. 그러나 유아기 아이들은 인정사정을 봐주는 법이 없다. 아이가 오븐에 손을 집어넣은 적이 한 번도 없는가? 없다고? 설마 나만 그런 일을 겪은 건가? 이런 일을 걱정해야 하는 상황에 마당 가꾸는 일 같은 건 안중에도 없게 된다.

　유아기 자녀를 둔 부모들은 늘 온 신경을 곤두세운 채 '아이 비위맞추기'라는 파도에 떠밀려 해변까지 휩쓸렸다가, 다시 파도에 떠밀려 내려가기도 하는데, 그건 오늘 아이를 위해 준비한 치킨너겟이 아이가 원하던 모양이 아니었기 때문이다. 아이는 어제와 똑같은 모양의 치킨을 요구한다. 아이의 치킨은 꼭 그 모양이어야 한다. 그런데 세로가 더 길쭉한 바람에 한바탕 전쟁을 치른 것이다. 결국 당신은 치킨너겟 봉지 안에 팔꿈치까지 집어넣은 채 완벽한 모양의 치킨을 찾아 봉지 안을 샅샅이 뒤적이게 된다.

　한때는 당신도 전쟁을 끝내기 위해 그런 행동을 하는 다른 부모들이 못마땅했던 때가 있었는데 말이다. 이 와중에 잔디 따위는 중요하지 않다. 아이가 유아기를 벗어나면 그제야 엉망이 된 마당 따위가 눈에 들어오게 될 것이다.

　그러니 도무지 알 수 없는 이유로 보채는 아이가 옆에 있지 않다면, 이제 우리는 무엇에 우선순위를 둘 것인가를 먼저 선택해야 한다.

'다 해낼 수 있다'는 헛된 희망

새로운 목표를 달성하기 위한 유일한 방법은 당신이 가진 가장 값진 자원, 즉 '시간'을 그 목표에 쏟아붓는 일이다. 그런데 문제는 한 가지 일에 쏟는 시간만큼 다른 일에 쏟을 시간을 줄여야 한다는 사실을 우리가 절대 인정하려 들지 않는다는 것이다. 어느 것을 잘하려고 노력하다 보면 다른 것에서 조금 뒤처지는 건 당연하다.

이때 등장하는 완벽주의의 세 번째 거짓말은 "당신은 모두 다 해낼 수 있다"라는 말이고, 여기서 내 역할은 "아니. 당신은 그럴 수 없다"라고 말해주는 일이다.

만성 시작 환자들이 시간 관리에 관한 책을 손에서 놓지 않는 이유가 여기에 있다. '수치심'의 조종을 받는 순진한 이들은 매번 완벽주의의 거짓말에 속아 넘어가, 어떻게 하면 주어진 일을 정해진 시간 안에 모두, 완벽하게, 해낼 수 있을까를 고민한다. 그들이 '하루'를 다른 방식으로 구분하거나, 오디오북을 들으며 러닝머신을 뛰는 와중에 칫솔질을 할 수 있다면 그 모든 일들을 해낼 수 있을지도 모르겠다.

하지만 오늘 나는 '당신이 모든 일을 다 해낼 수는 없다'고 말하려고 한다. 아니, 방금 한 말은 잊어달라. "당신은 목표로 한 일을 대부분 해내지 못할 것이다."

꼭 해야겠다면 그래, 말리진 않겠다. 하지만 '모두 다 해내기' 신화를 그만 놓아버리고 싶다면, 잠시 현실을 직시하자. 지금 당신이 가진 선택지는 두 가지 뿐이다.

하나, 인간이 할 수 있는 것 이상을 목표로 정한 뒤 실패하기

둘, 어떤 것을 미룰지 선택한 뒤 중요한 목표부터 달성하기

완벽주의의 추천은 더 물어볼 것도 없이 첫 번째 선택지다. 우리는 이번 장에서 두 번째를 선택하는 방법에 대해 함께 알아보도록 하자.

물론 처음엔 불편할 것이다. 집에 빨래 요정이 상주하지 않는 한, 당신이 목표 달성에 매진하는 동안 빨래 바구니는 어느 새 검은 색, 흰색 할 것 없이 산더미처럼 빨래가 쌓일 것이고, 그러는 동안 당신의 아이들은 양말을 훔치는 부랑아처럼 그 빨래 더미에서 옷가지를 발굴해야 할지도 모른다.

하지만 좌절하지 말자. 당신이 선택을 내려야 하는 순간이 찾아온 것일 뿐이다. 수치심 느끼기와 미루기 전략 중 하나를 선택할 순간이.

수치심과 죄책감은 거부한다

당신은 지금껏 당신이 할 수 있는 것보다 더 많은 것을 목표로 두고

살아왔을 것이다. 그러는 와중에 그 일들을 해낼 수 없는 스스로를 끊임없이 비난했을 것이다.

"이 모든 걸 해낼 수 있어야 해. 맞아, 내가 중요하게 생각하는 한 가지 목표를 목록에 새로 추가했었지. 이미 스케줄이 꽉 차긴 했지만 어쨌든 해낼 거야. 편찮으신 장인어른을 돌봐드리러 애틀랜타로 이사까지 하는 바람에 적응하느라 정신이 없지만, 아무것도 변한 게 없는 것처럼 또 잘 지내봐야지."

아주 많은 일들을 해내려는 우리의 노력이 숭고하고 명예롭게 느껴지는 순간이 있다. 모든 것이 소진되는 번아웃 상태를 향해 지칠 줄 모르고 달려가는 우리의 모습을 보라. 우리가 가끔 이렇게 행동하는 이유는 고등학교에서 익힌 나쁜 습관을 떨치지 못했기 때문이다. '미국의 남북 전쟁 시기에 무역 규제가 미친 영향'에 대해 10페이지에 달하는 졸업 에세이를 제출해야 할 때에도 우리는 겨우 하루 전날 밤을 새서 해치우지 않았는가.

하지만 분기별 판매량 증가나 체중 감량을 벼락치기로 이뤄내는 건 쉬운 일이 아니다. 다이어트를 다시 궤도에 올려놓으려고 일주일 치 케일을 하룻밤에 먹는 것 역시 좋은 계획이 아니다.

스스로를 다그치고 끊임없이 코너에 몰아넣는 방식으로 일을 하다 보면, 언제부턴가 당신이 따라잡기 바빴던 일들이 반대로 당신을 따라잡고 만다. 어느 날 비행기를 놓치는 순간 위태위태하던 시스템 전체가 무너져 내리는 것이다. 예정보다 길어진 회의가 일으킨 도미노 현상이 당신의 하루를 결국 망치고 만다. 그렇게 무언가에 실패하는 순간, 우리는 수치심을 느낀다.

자신을 끊임없이 몰아치다 한계에 직면했을 때, 사람들이 대개 어떠한 줄 아는가? 주머니 속에서 손수건을 꺼내 잠시 땀을 닦으며 쉬어갈 것 같지만 전혀 그렇지 않다. 오히려 대부분 사람들은 휴식이 필요한 바로 그 순간에 포기하고 만다. 게다가 스케줄에 욱여넣은 그 일 하나만을 그만두는 게 아니라 아예 목표 자체를 포기해버린다.

당신이 무리해서 달려가는 게 나쁘다고 말하는 이유가 바로 여기에 있다. 스케줄에 추가한 그 항목만 포기한 뒤 목표를 향해 계속 달려가는 것이 아니라, 공 하나를 놓치는 순간 저글링하던 공 전체를 놓아버리기 때문이다. 모든 일을 다 해낼 수는 없다는 사실을 깨닫는 순간 수치심을 느끼기 때문에 포기하고 싶은 충동을 느끼는 것이다.

하지만 그 대신에 미리 전략을 세우고 어떤 것들을 포기할지 미리 정해보면 어떨까?

포기할 항목들을 정해두면, 수치심이 주는 따끔한 상처를 예방할 수 있다. 수치심은 당신이 잘 못하는 일을 콕 집어 지적하며 당황하게 하는 고약한 기질이 있다. 하지만 안심하자. 내가 가르쳐줄 이 방법이 수치심으로 인한 상처를 예방해줄 것이다. 공을 떨어뜨리고 난 후에 놀라는 대신, "아, 저 공 말이야? 저글링 시작하기 전에 미리 내려놓은 건데. 알아채줘서 고마워!"라고 말할 수 있게 된다는 뜻이다.

인기 드라마 「그레이 아나토미」, 「스캔들」의 제작자인 숀다 라임스

Shonda Rhimes가 자신이 할 수 없는 일들에 대해 신경 쓰지 않는 이유도 바로 이것이다. 그녀는 한 인터뷰에서 '포기한 것이 무엇인지'를 묻는 질문에, "요즘 운동을 안 하고 있지만 그걸로 죄책감을 느끼진 않습니다. 아마 나중에는 죄책감을 느끼게 될 테지만요"라고 답했다. 드라마를 위해 달리는 중에 진짜 달리기는 잠시 미뤄두는 것이다.

손다는 수치심을 거부했다. 미리 전략을 세웠기 때문에 가능한 일이었다. 그녀는 어떤 것을 미룰지 결정했고, 완벽주의는 운동을 거른 그녀에게 더 이상 죄책감을 주지 못했다.

미루기의 기술이 필요한 순간

대부분의 자기계발서는 당신이 해낼 수 없는 일을 인지하게 하는 대신, 당신에게 더 많은 일을 해낼 능력이 있다는 점을 강조한다. 하지만 이미 끼어들 틈도 없이 꽉 찬 당신의 인생에 그 일들을 추가할 수 있을까? 일을 더 해내려는 마음에 동기부여를 위한 책을 읽지만 쳇바퀴 돌 듯 같은 이야기만 늘어놓는 통에 당신은 아마 더 큰 스트레스만 얻게 될 것이다. 수치심의 덫을 피하고 싶다면 당신이 잘 해내지 못해도 괜찮은 활동이 무엇일지 미리 결정해야 한다. 미루기의 기술이 필요한 순간이다.

신경과학자 조시 데이비스Josh Davis 박사는 자신의 저서 『하루 2시간 몰입의 힘』에서 이를 '전략적 무능'이라고 칭했다. 마당에 대해서는 신경 쓰지 않기로 미리 결정하는 것도 전략적 무능에 속한다. 모든 일을 다 해내기엔 물리적으로 시간이 부족하다는 사실을 인정하고, 인생의 이번 시즌에는 그 일을 의도적으로 한쪽에 제처두는 것이다.

목표 달성을 위한 행동에 본격적으로 나서기로 결심하고 내가 미뤄둔 네 가지를 소개한다.

1. TV 프로그램 관련 대화 이해하기

나는 「브레이킹 배드」도 「워킹 대드」도 보지 않았다. 「브레이킹 배드」는 러닝 타임이 42분인 62개의 에피소드로 이루어져 있으니, 모든 에피소드를 다 보려면 총 2604분이 걸린다.

시간으로 따지면 43시간이나 걸리는 셈이다. 목표 달성에 투자할 30분짜리 활동 프로그램으로 생각하면 96개를 끝낼 수 있는 어마어마한 시간이다. 친구가 말하기를, 자신은 지금 「브레이킹 배드」의 새 시즌이 시작되기 전에 지난 시즌을 다 챙겨 보는 중이라고 한다. 인기 드라마가 새로 시작한다는 건 챙겨 봐야 할 에피소드가 40개 늘어난다는 의미다. 물론 그렇다고 내가 TV 반대론자는 아니다.

하지만 예능, 드라마, 토크쇼 등 TV 프로그램을 모두 챙겨보면서 목표를 달성할 수는 없는 일이다. 가끔 저녁 파티에서 사람들이 인기 드라마에 나온 장면에 대해 이야기할 때 나는 멍청하게 앉아 있다가 뜬금없이 한 십 년 전쯤 방영했던 시트콤에 대해 한 마디 툭 던지곤 한다. 그게 창피한 일일까? 그러지 말아야 할까? 아니, 나는 TV에 관해서는 멍청해지기로 결심했으니 괜찮다.

2. 스냅챗

이 책이 출간될 즈음엔 스냅챗을 능숙하게 다룰 수 있게 되어 점심 먹으며 찍은 셀카에 강아지 귀도 척척 붙이게 될까? 글쎄다. 내게 스냅챗을 계속 권하는 친구들에게 그 이유를 물었더니, 하나같이 "다들 하잖아"라고 답했다. 1996년에 데뷔한 록 밴드 니켈백 Nickelback의 앨범도 같은 논리로 5000만 장이나 팔렸다. 하루에 20개씩 SNS에 사진을 올리는 사람들은 자기 자신을 속이고 있다. 깊은 상념에 빠져 있는 동안 그 사실을 사람들에게 알리려 정작 자신에게 필요한 상념의 시간을 스스로 방해하는 것이다. SNS는 공짜가 아니다. 언제나 대가를 요구한다. 그래서 나는 스냅챗을 미뤄두기로 결정했다.

3. 이메일

일 년 전쯤 나는 이메일 업무에서 반쯤 은퇴했다. 당시엔 쉴 새 없이 이메일을 확인하곤 했는데 내가 충동적으로 자꾸 확인하는 버릇이 있었고, 또 다른 이유는 이메일을 확인하다 보면 마치 내가 중요한 사람인 것처럼 느껴졌기 때문이다. 받은 메일함에 수도 없이 쌓여 있을 긴급 이메일을 상상했지만 현실은 전혀 그렇지 않았다. 지금은 일주일에 몇 차례 확인하는 것을 제외하곤 대부분의 이메일은 비서가 처리한다. 팔뚝에 놓은 정맥 주사처럼 끊기는 법 없이, 쉬지 않고 바로바로 답장하는 걸 사람들이 더 좋아했을까? 아마 그럴 것이다. 하지만 사업을 운영하고 책을 쓰는 일에 더 몰두하기 위해 나는 이메일은 포기하기로 결심했다.

4. 정원 손질이 주는 만족감

마당 이야기로 이번 장을 시작했으니 마무리도 마당에서 하도록 하자. 아주 많은 사람들이 잔디를 다듬는 일에서 만족감을 느낀다. 하루 종일 픽셀을 다루는 직업을 가진 사람이라면 아마 자신의 노력이 물리적인 결과로 이어지는 것을 보며 기분이 좋아질 것이다. 하지만 내 경우엔 다르다. 한 달에 두 번 마당 관리 서비스를 이용할 돈을 벌게 된 이후로 나는 브레이크 댄스를 추는 것 이외에 마당에서 아무것도 하지 않았다. (당신은 창고에서 춤을 춘다고? 그것도 좋다.) 주말마다 마당에 4시간을 쏟는 대신 나는 그 시간을 다른 곳에 쓴다. 나는 마당 돌보는 일을 미뤄두기로 결심했다.

내게 전략적 무능이란 위의 네 가지에 집착하지 않는 것을 의미한다. 시간이 지나면 내 결심도 바뀔까? 아마 그럴 것이다. 곧 스냅챗에 푹 빠질지도 모를 일이다. 하지만 당장 내게 중요한 일에 모든 것을 투자하기 위해 중요하지도 필요하지도 않은 몇 가지를 포기하는 것을 선택했다.

때때로 일의 우선순위를 정하는 과정에 체계가 필요하다. 나를 비롯한 대부분의 사람이 이메일을 완전히 내려놓기는 어려울 것이다. 사용하기 쉽고 간편해 일상생활에서 가장 많이 활용하는 의사소통 방법이기 때문이다.

나는 이메일을 무시하기 위해 전략을 세워야 했다. 우선 매일 내게 오는 이메일을 분석한 결과, 내가 직접 답장을 해야 하는 이메일은 전체 이메일의 10퍼센트에 지나지 않았다. 한 주 동안 내가 받는 이메일 중 24시간에서 48시간 내에 답장을 해야 하는 이메일이 몇 통 되지 않는다는 사실도 깨달았다. 또한 휴대폰 화면의 이메일 아이콘을 무시할 힘이 내게 없다는 사실도 인정해야 했다. 엄지손가락이 나도 모르는 새에 자꾸 이메일 아이콘으로 향하는 바람에, 나는 이메일 아이콘을 휴대폰의 세 번째 페이지에 있는 폴더 깊숙이 숨겨두었다.

무언가를 미뤄두거나 포기하기로 내린 결정이 영구적일 필요는 없다. 첫 책을 쓸 때 아내는 내게 주어진 유일한 여유 시간이 월요일 오후라는 사실을 발견해 알려주었다. 일과 시간 이후와 저녁에 진행되는 주간 회의 사이에 두 시간의 여유가 내게 있었고, 아내는 자신이 아이들을 돌볼 테니 두 시간 동안 책을 쓰라고 내게 말했다. 책을 쓰는 12주 동안 월요일에는 아이들을 만날 수 없었다. 아버지로서 쉬운 일은 아니었다. 하지만 곧 끝이 올 거란 걸 알았고, 이러한 노력의 결과로 책 한 권이 완성되리라는 사실도 알았기에, 잠시 미뤄두고 글을 쓰는 일에 오롯이 집중할 수 있었다.

그럼 가족을 방치하라는 말이냐고 누군가는 따져 물을 수도 있겠다. 그런 의미가 아니라 실제로 목표를 달성하기 위해 포기해야 하는 것이 무엇이었는지 나의 경험을 예로 든 것뿐이다. 매주 월요일에 두 시간씩 버거킹에서 내가 글을 쓴 이유를 설명하고 싶었다.

무엇을 미뤄두어야 할지 모르겠다고? 궁극적으로 당신이 성취하려는 것에 따라 미뤄둘 항목이 달라지겠지만, 당신의 고민을 줄일 몇 가지 팁이 여기 있다. 신호등 원리를 생각해보면 쉽다.

어떤 활동은 초록불을 밝혀서 당신이 나아가도록 뒤에서 밀어주고, 목표에 더 쉽게 닿을 수 있도록 이끌어준다. 일주일치 먹을거리를 미리 만들어두려면 시간은 걸리겠지만 당신의 건강 관리 목표를 달성하는 데는 도움이 된다.

또 어떤 활동은 빨간불을 밝힌다. 당신이 시간을 지체하게 하거나 성과를 거두지 못하게 방해한다. 친구들과 밤늦게까지 노는 일은 그때는 즐거울지 몰라도, 당신이 이내 크게 후회할 '칼로리 걱정은 잊고 그냥 먹기'를 선택하도록 유혹할 것이다. 그건 체중 감량이라는 당신의 목표 달성을 지연시키는 빨간불에 해당하는 활동이다.

당신의 하루를 잠깐 동안 돌아보며 당신이 시간을 할애하는 활동들에 상상 속 초록불, 빨간불 스티커를 붙여보자. 이 작업은 생각보다 쉽게 따라할 수 있다.

여전히 어떤 것을 미뤄두어야 할지 잘 떠오르지 않는다면, 당신에게 유리한 정보가 하나 있다. 바로 '소셜 미디어'다.

인스타그램에 한동안 게시물을 올리지 않으면 사람들이 곧 알아채고 무슨 일인지 걱정할 것이라고 생각하겠지만, 장담하건대 당신의 친구들은 그 사실을 알아채지 못할 것이다. 내가 트위터를 열흘 쉬는 동안, 30만 팔로워 중 누구도 그 사실을 알아채지 못했다.

같은 이유로 많은 사람들이 기말고사나 큰 프로젝트를 앞두고 페이스북 계정을 잠시 비활성화로 돌려놓는다. 당신이 바쁜 시기에 미뤄두어도 걱정 없는 것이 바로 소셜 미디어다. 계정을 폭파시키는 것도 아니고, 단지 잠시 미뤄두는 것뿐이 아닌가. 장기적으로 봤을 때 당신이 끝내야 하는 그 일이 늘 더 중요하다.

소셜 미디어를 접어두는 것이 두려울 때면 기억하자. 1997년처럼 소셜 미디어 없이도 아무 일 없이 우리가 일 년을 보낸 때도 있었다.

세상 모든 사람들과 친구 할 게 아니라면

TV를 끊는 일과 친구들과 보내는 시간을 끊는 일은 다르다. 우리 같은 완벽주의자들은 "금요일엔 나갈 수 없어, 그 행사에 갈 수 없어, 그 부탁은 들어줄 수 없어"라는 말을 하는 걸 좋아하지 않는다. 우리는 모두의 가장 친한 친구가 되고 싶고, 온 세상 모든 사람들이 우리를 멋진 사람이라고 생각하길 원하며, 그러기 위해서는 친구들이 원하는 만큼의 시간을 그들과 함께 보내야 한다고 생각한다.

하지만 잘 생각해보면, 그건 말도 안 되는 일이다.

나는 강의가 시작되는 가을에는 주말에 친구들을 만날 여유가 없다. 월요일, 화요일에 출장을 다녀온 뒤 목요일과 금요일에 다시 떠난다. 즉 주말은 가족과 함께 보내야 한다는 뜻인데, 물론 수요일에 친구들과 점심을 함께할 수는 있지만 토요일에 열리는 콘서트에 함께 갈 수는 없다. 그래서 이 시기에 나는 몇 주간 친구들과의 관계라는 항목을 우선순위에서 어느 정도 미뤄둔다.

우리 가족은 테네시 주의 작은 마을 프랭클린에 살고 있다. 아내는 이곳에서 지난 7년간 여성 몇몇을 대상으로 강의를 해왔는데, 얼마 전 잠시 강의를 쉬고 다시 학생이 되기로 결정했다. 아내는 자신이 가을에 바빠질 것을 알고 강사라는 힘든 직업을 잠시 내려놓기로 한 것이다. 누군가는 아침 일찍 달리기 훈련을 하기 위해 친구들과의 저녁 시간을 포기할지도 모른다. 사진작가로서의 커리어를 시작하게 되어 친구들과 주말을 보내는 대신 결혼식 사진을 촬영하는 데 더 많은 시간을 쏟는 사람도 있을 것이다.

관계에 대해 심사숙고하게 만드는 상황은 아주 다양하다. 하지만 그 모든 상황이 당신에게 요구하는 것은 선택과 결정이다. 어떤 상황에서든 사람들을 대하는 가장 쉬운 방법은 심플하다. 필요할 때는 가장 강력한 단어를 사용하는 일이다.

"안 돼요."

사람들을 기쁘게 하는 것을 중요하게 생각하는 사람이라면 내 말이 불쾌하게 들릴지 모른다. 절대로 사람들의 부탁을 거절하지 않을 테니까. 모든 요구에 '예스'를 외쳐댈 것이 분명하다. 그들에게 '노'는 관계의 종결, '예스'는 연결을 의미하기 때문이다. '예스'를 외치면 더 많은 기회가 열리고 새로운 친구들이 생긴다. 생각만 해도 갑자기 얼굴로 상쾌한 바람이 불어오는 것 같지 않은가!

하지만 명심하자. 당신이 무언가를 정말 끝까지 해낼 생각이라면, 어떤 관계들은 잠시 쉬어가야 할 수도 있다. 그냥 거절하라. 긴 설명은 필요 없다. 사과도, 정당화도 필요 없다.

기억하자. 당신이 거절한 것에 대해 상대가 화를 낸다면, 그건 당신이 처음부터 그 사람을 거절했어야 한다는 사실의 반증일 뿐이다.

거절할 수 없다면, 단순화하자

반복해서 거절하는 것이 마음을 불편하게 하거나, 어떤 일을 도중에 그만두는 것이 불가능하다면 거절하거나 그만두는 대신 단순화시키자.

목표 설정에 열심인 젊은 엄마 리사는 자신이 가장 시간을 많이 빼앗기는 일이 집안일이라는 사실을 깨달았다. 가족을 위해 식사를 준비하고 빨래를 하는 데에는 엄청난 시간이 든다. 하지만 그렇다고 그 일들을 하지 않을 수는 없다. 자신의 목표에만 집중한답시고 아이들에게 "이번 주는 저녁식사를 건너뛸 거야. 각자 스스로 영양 보충을 잘 해보렴. 몸에 좋은 슈퍼푸드를 정원에서 길러서 먹는 게 요즘 유행이라더라"라고 말할 수는 없지 않은가.

대신 '시간이 많이 걸리지 않는 간단한 식사'를 준비하고 '빨래는 하되 개지 않고 그냥 두어, 마감 며칠 전까지는 온 가족이 구겨진 옷을 입고 다니게' 하기로 했다. 나는 그녀의 아이디어가 아주 마음에 들었다.

다행스러운 점은 온 세상이 당신의 단순화 노력을 돕는다는 것이다. 우리 모두에게 중요한, '음식'과 관련된 사례를 하나 더 들어볼까 한다. 이제 우리는 온라인으로 장을 보고, 준비된 상품을 바로 찾아오는 시대에 살고 있다. 내 아내가 마트에서 사오는 제품의 75퍼센트는 언제나 동일하다. 그래서 한창 바쁠 때는 집에 앉아 온라인으로 주문한 다음 마트에 찾아가, 운전석에서 내리지도 않고 주문한 상품을 트렁크에 바로 받아가지고 온다.

모든 것을 거절하기에 인생은 너무 복잡하다. 하지만 괜찮다. 당신이 모든 것을 내려놓을 수 있다면 그게 오히려 비현실적인 일일 것이다.

만일 거절할 수 없는 상황을 마주하게 되면 '할 일 간소화 목록'을 작성해보자.

당신에게 허용된 '구겨진 셔츠를 입는 주'가 언제인지, '무슨 요리를 할지 고민하지 않고 간단한 음식 먹는 날'은 언제인지 알아보자. 지금 당장 처리하지 않아도 인내심을 가지고 당신을 기다려주는 일들이 있다.

지금 당장 즐거움을 좇아라

모든 것을 해낼 수 없다는 죄책감을 극복했다면, 이제 어떤 것을 미룰지 선택하는 것은 재밌는 일이 된다. 더 이상 당신이 수치스러워 하지 않을 길고 긴 '미루기 목록'을 작성하는 과정에서 완벽주의가 주는 스트레스는 웃음으로 대체된다.

아내 제니가 내 회사를 그만두고 얼마나 행복해했는지 나는 아직도 기억한다. 사업을 꾸려가는 첫 2년 동안 제니는 내 곁에서 비서 역할부터 여행사 직원 역할까지 묵묵히 해내야 했다. 이 상황이 결혼생활 파탄의 시나리오처럼 들린다면, 당신이 아주 제대로 본 것이다.

일과 관련해 1000번째 언쟁을 벌인 날, 아내가 말했다.

"이제 현실을 받아들이고 당신 비서를 고용해. 좋은 아내와 좋은 직원의 역할을 동시에 할 수는 없단 말이야."

그녀는 직장을 포기했고, 그 결과 평화로운 결혼 생활을 즐길 수 있게 되었다. 가정문제 상담료보다 비서를 고용하는 편이 훨씬 가격도 저렴했다.

그때 제니는 신이 나서 결정을 내렸고, 당신이 내릴 결정 역시 당신을 신나게 할 것이다. 하지만 그것도 다음 장에서 우리가 시도할 일만큼 즐거울 수는 없다.

Action Plan

✔ 목표를 달성하는 과정에서 미뤄둘 수 있는 일을 3가지 적어라. 빨간불, 초록불의 신호등 접근법을 활용해보자.

✔ 미룰 수 없는 일에 대해서는, 일을 단순화할 방법을 찾아보자.

✔ 누구도 보지 않을 곳에, 목표 달성을 위해 잠시 만나지 않아도 좋을 친구 세 명의 이름을 몰래 적어보자.

끝까지
달리기 위해
필요한 기술

《 목표 더하기 재미 》

목표를 정의하는 당신의 기준이 혹시 구체적이고 현실적이며 고통과 좌절을 안겨주는 것인가? 일상의 사소한 것에서부터 이러한 접근 방식을 적용하다 보면, 결국 우리는 박진감 넘치는 탁구 경기조차 재미없게 만드는 방법을 기어코 찾아내고 말 것이다.

즐겨라!

그거면 된다. 아니, 그게 전부다. 이보다 더 간단명료한 지침이 있을까? 당신의 목표는 재미있는 것이어야 한다. 당신이 즐길 수 있는 일이어야 한다. 당신이 가려는 길에 웃음과 미소가 가득해야 한다.

그렇게 당연한 말을 줄줄이 늘어놓을 거라면 굳이 이번 장을 쓴 이유가 뭐냐고? 대체 누가 좋아하지도 않는 목표를 고르겠냐고? 새해 계획만큼이나 지루하고, 고통스럽고, 좌절하게 하는 계획을 세우는 사람이 어디에 있냐고?

이건 다 완벽주의의 교활함 때문이다. 완벽주의는 달성하기 어려운 목표일수록, 당신을 크게 좌절하게 하는 목표일수록 더 나은 목표라고 믿게 한다.

완벽주의의 네 번째 거짓말이 바로 이거다. '재미있는 건 가짜다.'

이 거짓말은 가장 많은 사람들이 흔히 세우는 두 가지 목표에서 분명하게 그 모습을 드러낸다. 사업 그리고 건강.

사업을 시작하거나, 건전한 재무 상태를 만들거나, 업무 만족도를 더욱 높이고 싶어 하는 사람들이 많다. 그들은 더 건강한 음식을 먹고, 건강한 몸매를 만들고, 자신의 몸매에 만족하고 싶어 한다.

그래서 목표를 세우게 되는데, 그 목표는 대체로 이렇다.

"건강한 몸매를 만들어야겠어. 그러니 달려야 해."

그러고는 곧바로 조깅을 시작한다. 출근 전에 동네를 한 바퀴 달리거나, 퇴근 후 러닝머신 위를 미친 듯이 질주한다. 몇 주는 그렇게 계획대로 잘해나가지만, 결국 목표를 세운 92퍼센트의 다른 사람들처럼 도중에 그만두고 만다.

왜냐고?

"내가 달리기를 좋아하긴 하는 걸까?"

아주 단순하고 기본적인 이 질문조차 자신에게 해보지 않고 출발 신호가 떨어지자마자 무작정 시작만 했기 때문이다.

'재미'는 완벽주의의 숙적이다. '재미가 무슨 소용인가? 재미가 갖는 가치가 무엇이란 말인가? 재미는 측정도 불가능하지 않나? 게다가 별 도움도 안 되는 것 같고 말이다.' 완벽주의가 또 부추긴다. 그래서인지 우리는 "이거 재미있을까?"라는 질문을 스스로에게 절대 하지 않는다.

또한 우리에겐 어떤 일을 싫어하는 것 역시 우리 잘못이라고 너무 쉽게 자책하는 경향이 있다. 누가 시키지도 않았는데 매일 아침 인상을 쓴 채 운동화 끈을 매고, 또 운동을 하는 내내 오만상을 하면서 말이다.

완벽주의와 재미의 관계는 물과 기름과도 같아서 절대 서로 섞이지 않는다. 완벽주의에게 '재미' 따위는 시간 낭비이자 무가치한 일이다. 그런데 불행하게도, 우리들 대부분이 완벽주의와 같은 생각을 하는 듯하다. 마치 먹기 싫은 콩을 밥에서 골라내듯, 우리의 목표에서 재미를 골라내는 이유는 뭘까?

재미 따위는, 엄청나게 중요하다!

우리가 좋아하지도 않는 목표를 추구하는 데는 두 가지 이유가 있다.

하나, 목표 달성 과정에 '절망'은 불가피한 것이라고 생각한다.
둘, 재미는 중요하지 않다는 완벽주의의 말을 철석같이 믿는다.

아무나 붙잡고 '목표'라는 단어를 듣고 떠오르는 단어가 무엇인지 물어보자. 대부분 '원칙, 고통, 고군분투, 고된 노력, 좌절' 그리고 더 많은 무서운 단어들을 내뱉을 것이다.

우리는 대개 추구하는 목표가 선하고 옳은 것일수록 성취하기 어렵다고 믿는다. 이런 믿음에 따르면 우리를 좌절하게 하지 않는 목표는 충분히 좋은 목표라고 할 수 없는 것이다. 그동안의 성과를 확인할 유일한 방법은 우리가 흘린 피와 땀과 눈물의 양뿐이다.

가장 잘 알려진 'SMART 목표 설정 기법'을 살펴보자. 수십 년 전에 고안된 이 기법에는 '고안자가 생각하는 목표의 정의'를 보여주는 단어들이 고스란히 담겨있다.

Specific(구체적이고)

Measurable(측정 가능하며)

Achievable(달성 가능하고)

Realistic(현실적이며)

Time-Bound(데드라인이 정해진)

이 요소들이 목표 달성에 도움을 줄지는 모르나 지루하기 짝이 없는 건 사실이다. '재미'라는 단어에 조금이라도 가까운 단어는 하나도 없다.

구체적이고 현실적이며 고통과 좌절을 안겨주는 것만을 목표를 정의하는 기준으로 삼고 있는가? 만일 이런 기준으로 목표를 설정하고 수행한다면, 신나는 음악에 맞추어 온몸을 흔들어 대는 댄스 강습은 진짜 운동이 아니다. 여유를 즐기며 친구와 시간을 보내는 오후 산책은 즐겁기 때문에 가치가 없다. 사랑하는 반려견과 공원에서 뛰놀며 함께 하는 원반던지기 놀이는 히피들이나 하는 것이다. 이것들은 힘든 활동이라고 보기 어렵지 않은가.

일상의 사소한 것에서부터 이러한 접근 방식을 적용하다 보면, 결국 우리는 박진감 넘치는 탁구 경기조차 재미없게 만드는 방법을 기어코 찾아내고 말 것이다.

나의 지난해 목표는 탁구 실력을 크게 늘리는 것이었다. 탁구대가 집에 없다는 게 첫 번째 난관이었다. 두 번째 난관은 탁구 라켓이 없다는 것이었다. 아마존에서 초경량 탄소 소재의 라켓 하나와 신소재 고강도 라켓 하나를 추가로 구매했다. 내가 승리를 거머쥘 탁구 토너먼트 대회에 그 라켓이 꼭 필요하다고 확신했기 때문이다. 경기가 벌어질 클럽인지, 코트인지, 도장인지에 후진 장비를 들고 나타나기는 죽어도 싫었다. 탄소 소재가 아닌 라켓으로 탁구를 치느라 이미 시간을 너무 많이 낭비했고, 그런 실수는 다시 하지 않을 생각이었다. 탁구 라켓용 가방도 샀다. 내가 기껏 큰맘 먹고 산 최신 라켓을 집에 굴러다니는 쇼핑백에 담아갈 얼간이는 아니니까.

그다음엔 친구 그랜트와 스포츠 센터에 가서 탁구를 쳤냐고? 이웃에게 내가 빌릴 탁구대가 있는지 물어봤냐고? 아니다. 목표라고 말하기엔 그 두 가지 방법 모두 너무 재미있고 신나지 않겠는가.

나는 제대로 탁구를 배우기 위해 코치를 찾아 나섰다. 내가 사는 테네시 주 내슈빌에서는 탁구 코치를 구하는 것이 쉬운 일이 아니다. 뉴욕 같은 대도시에서는 모퉁이 하나 돌 때마다 탁구 코치를 찾을 수 있겠지만, 내슈빌은 작곡가들이 풍부하고 라켓 기술자들은 부족한 도시다.

미국 올림픽위원회 웹사이트에서 찾아보니, 우리 주 전체에 자격

증을 보유한 코치가 단 두 명에 불과하다는 사실을 알게 되었다. 나는 우선 그들에게 이메일을 보내고 답장을 기다렸다.

얼마 지나지 않아 스티브라는 이름을 가진 코치가 답장을 해왔다. 그는 자신이 '2000+ USATT' 수준의 선수였다고 소개했고, 나는 그 말이 무슨 뜻인지 몰랐지만 그냥 이해한 척 하고 넘어갔다(나중에 알고 보니 준전문가 수준이었다). 코치는 먼저 내 실력을 평가하고 싶다고 했다. 지역 스포츠센터에서 훈련을 진행할 수도 있었는데, 테네시 중부 지역의 탁구 공동체의 알력 다툼이 문제가 되어 다른 장소를 구해야 했다. 스포츠센터의 센터장은 스티브의 코치 활동을 반대했기 때문이다. 탁구는 내가 예상했던 것보다 훨씬 정치적인 스포츠였다.

2월의 어느 추운 토요일 오후 4시 30분에 나는 탁구 코치를 만나러 그가 일하고 있는 한 대학을 찾았다. 솔직히 말하자면, 코치가 「베스트 키드」(1984년에 개봉한 영화로 친구들에게 따돌림을 당하던 아이가 스승을 만나 쿵푸를 배우며 성장하는 이야기)의 미야기 사부 같은 스승이기를 바랐다. 내가 배우려는 게 탁구일지라도 훈련을 통해 인생을 배울 수 있기를 바랐던 것이다. 그런 훈련은 실망스러울 리가 없다고 굳게 믿었다.

스티브는 60대 중반의 중국 본토 출신 남성이었다. 나는 중국을 '중국 본토'라고 부르기 시작했는데, 스티브가 중국을 그렇게 불렀기 때문이었다. 배움이 이미 시작된 것이다.

안타깝게도 학생회관 문은 잠겨 있었다. 조금만 기다리면 문이 곧 열릴 거라고 스티브는 나를 안심시켰다. 우리 둘은 로비에 서서 문이 열리기만을 기다렸다. 나는 몇 번 사용하진 않았지만 초보자가 아님을 과시하는 탄소 소재 라켓과 라켓 가방까지 가지고 있었고, 스티브는 니트 조끼를 입고 나로선 상상도 하지 못할 탁구용 마법 장비가 가득한 바퀴 달린 캐리어를 옆에 세운 채 서 있었다.

처음 20분 동안은 학생회관 문이 열리길 기다리면서 잡담을 나눴다. 코치는 내 라켓이 제법 괜찮은 제품이라고 말하면서도, 진짜 훌륭한 선수들은 자신들에게 맞는 세 종류의 라켓 부품을 따로 주문해 조립한다고 말했다. 그 말을 듣자 갑자기 형편없는 내 라켓을 당장 갖다 버리고 나도 장인들이 진귀한 검을 제작하듯 만든 나만의 라켓을 갖고 싶었다.

40분 동안 라켓 쥐는 법에 대한 강의를 들은 뒤, (네 손가락과 엄지손가락만으로 얼마나 많은 실수를 할 수 있는지 듣게 되면 놀랄 것이다) 우리는 학생회관이 절대 열리지 않을 것이라는 불편한 진실을 깨달았다. 그러자 이번에는 스티브가 건물 로비에 그려진 살쾡이 벽화를 상대로 포어핸드 기술 사용법을 선보이기 시작했다. 토요일 밤에, 다니지도 않는 대학 로비에 서서, 에어브러시 기법으로 착색한 살쾡이 그림을 상대로 라켓을 휘두르던 내 자세를 지금 당장 머릿속으로 그려본다면, 맞다, 당신이 떠올린 바로 그 모습 그대로였다.

"자세가 너무 꼿꼿하고 뻣뻣하잖나, 꼭 기린처럼. 배를 집어넣어. 쪼그리고 앉은 호랑이처럼 몸을 구부리란 말이야. 공격 태세에 돌입한 호랑이처럼 근육을 이완시키고 자세를 낮춰." 스티브가 말했다. 내가 꿈꾼 「베스트 키드」 속 모든 장면이 한꺼번에 실현될 참이었다.

30분 동안 벽과의 싸움에서 패배를 거듭한 뒤 스티브는 나에게 대결을 청했다. 탁구 경기에서 가장 중요한 것 중 하나는 바로 탁구대다. 탁구라는 말 자체가 '탁자'에서 한 단어를 빌려온 것 아닌가. 나는 스티브가 이 난관을 어떻게 해결할지 궁금했지만, 그가 들고 온 캐리어 속에 들었을 무언가를 믿기로 했다.

그런데 이게 웬일인가. 가방을 여는 대신 그는 동그란 로비의 반대편 구석으로 걸어갔다. 나와 6미터 정도 거리를 두고 그는 탁구공을 부드럽게 튕겨 나에게 공을 보냈다. 대학교 로비에서 테이블 없는 탁구를 해본 적이 없던 나는 첫 번째 공을 놓치고 말았다.

그 어색함을 감당하기가 조금 어려웠다. 학생회관 문이 열렸는지 확인하러 종종 로비로 학생들이 들어왔다. 마흔한 살 먹은 나이든 남자가 그보다 더 나이 많은 니트 조끼를 입은 사부와 탁구대도 없는 로비에서 탁구를 하는 것을 보고 당황한 열아홉 대학생들을 떠올렸다면, 당신의 훌륭한 공감 능력을 칭찬해주고 싶다. 정확히 그런 일이 벌어졌기 때문이다.

어쨌든 우리의 훈련은 2시간이나 계속됐다.

로비에서. 탁구대도 없이 말이다.

우리의 훈련이 진행되는 동안 단 한 번도 실전에 나간 적이 없었는데, 그건 훈련이 네 번으로 끝났기 때문이다. 훈련 치고 너무 짧은 게 아니냐고 묻는다면, 절대 그렇지 않았다고 대답하겠다. 나는 목표를 끝까지 해내는 부류의 사람이 아니고 시작만 일삼는 사람이기 때문에, 무언가를 네 번 연속으로 해낸 건 일생일대의 기록으로 남길 만한 일이었다.

탁구가 싫어서 그만둔 건 아니었다. 내가 즐기지 못했기 때문에 그만둔 것이었다. 탁구대를 구입해 친구들과 경기를 즐기는 대신, 나는 내게 "죽었어, 죽었어, 죽었어!"라고 소리치는 낯선 노인에게 시간당 20달러를 지불하며 기술을 배웠다. 만일 이게 실전이었다면 내가 말도 안 되게 받아 친 공을 끝장내버렸을 거라는 뜻이었다.

어떤 종류의 목표든, 목표는 반드시 어렵고 재미없는 것이어야 한다는 믿음은 모든 순간 우리의 의지를 완전히 꺾어놓는다.

아마 사람들 대부분이 그런 일을 경험했을 것이다. 심지어 우리는 스스로를 절망하게 할 도전들을 찾아 나선다. 그래서 거의 유격훈련과 다름없는 '터프머더Tough Mudder(약 20개의 장애물을 넘어 19킬로미터를 완주하는 장애물 경기)'라는 어드벤처 레이스가 유행하는가 보다.

이 어드벤처 레이스 초반에 당신이 넘어서야 할 장애물 중 하나는 전기가 흐르는 철조망 지대다. 그동안 철조망에 피부가 닿는 것조차 피하며 살아오지 않았는가. 하지만 이 경기에선 그 경험을 위해 돈을 지불한다. 한 참가자는 자신의 터프머더 경험을 이렇게 묘사했다. "거인이 온 힘을 다해 내 어깨를 내리치는 느낌이었다." 터프머더 기념 티셔츠가 그런 경험을 감수할 만큼 가치 있어야 할 텐데 말이다.

이런 건 목표가 아니라 스스로를 고문하는 일이다. 내 상담사 역시 같은 이유로 내게 한동안 자기계발서를 끊어볼 것을 권했다. 나는 자신을 패배자로 느끼게 하는 두꺼운 책들을 읽다가 무너져 내리기 직전이었다. 사실 매번 새로운 책을 살 때마다 지난번에 읽었던 책보다 더 따르기 어려운 조언들로 가득하기를, 더 깊은 진흙탕과 더 뜨거운 철조망으로 가득하기를 속으로 빌곤 했다.

내게 성장이란 그런 것이었다. 재미 따위는 중요하지 않다고 생각했다. 하지만 그건 전혀 사실이 아니다. 재미는 중요한 요소일 뿐만 아니라 완벽주의를 타도하고 목표를 향해 끝까지 달리는 데 필요한 핵심적인 요소다.

만족도와 성과, 둘 다 챙겨라

대단히 '재미없는' 접근법이 효과까지 없으면 정말 미칠 노릇이다. 당신의 그 절망적인 고군분투를 인스타그램에 올리면 친구들 눈엔 좋아 보일 수 있겠지만, 과학적으로 따지자면 재미를 잃은 목표는 실패로 이어지기 마련이다.

목표 설정에 관한 연구를 진행하다 보면 다양한 통계 요소를 만나게 되는데, 그중에서도 가장 흥미로운 두 가지는 '만족도' 그리고 '성과'다. 첫 번째 요소는 목표에 도달하는 과정에서 느낀 '기분'을, 두 번째 요소는 그 과정에서 실제로 '무엇을 얻었는지'를 보여준다.

제대로 된 '목표 달성' 원칙은 이 두 가지 모두를 극적으로 끌어올린다. 만족도는 높이지만 성과를 낮추는 방법을 가르친다면, 끝까지 웃으면서 달려갈 수 있겠지만 그 결과가 그 누구에게도 유용하지 않다. 반면에 성과는 높아지는데 만족도가 곤두박질친다면, 끝까지야 가겠지만 그 끝에서 절망하게 될 것이다.

그래서 당신이 아는 가장 성공한 사람들 중 일부는, 가장 슬픈 사람들이기도 하다. 두 번째 가치를 달성했지만 그 과정에서 첫 번째 가치는 잊어버리고 만 것이다. 점점 나아진 탁구 실력에도 불구하고 내가 경기를 즐기지 못했던 이유도 바로 여기에 있다. 만족도와 성과를 동시에 추구하는, 훌륭한 원칙을 세울 필요가 있었던 것이다. '재미 찾기'는 두 가지 가치를 모두 충족시킬 수 있는 접근 방법 중 하나다.

'도전의 30일 프로젝트'에 참가한 수천 명의 사람들을 통해 확인한 사실은, 스스로 즐길 수 있다고 생각한 목표를 고른 사람들의 만족도가 최대 31퍼센트 높았다는 점이다. 그동안 확인된 그 어떤 과학적 결론보다 더 명백한 결론 아닌가? 당신이 좋아하는 일을 하면 만족도가 높아지는 건 당연하니까 말이다. 아이스크림이 즐거움을 준다는 게 뉴스거리가 아닌 것처럼 말이다.

그런데 '재미 추구'의 이점은 그게 다가 아니다. 즐길 수 있는 목표를 선택하면 성과가 46퍼센트 증가한다는 사실도 발견했기 때문이다. 재미를 느끼는 목표를 선택하면 더 높은 성과를 얻게 된다는 재미와 성과의 밀접한 상관관계는 이후 수차례 반복된 연구로 증명되었다.

흔히 누군가 높은 성과를 달성하면, 사람들은 그 과정이 대단히 수고스럽고, 고통스럽고, 어려웠을 거라고 생각한다. 하지만 최고의 수영 선수들을 연구한 과학자들은, 새벽 5시 30분에 시작된 훈련 중에도 '생기 넘치고, 웃음이 끊이지 않으며, 수다스럽고, 즐거워하는' 선수들의 모습에 놀라움을 금치 못했다. 과학자들은 "최고의 수영 선수들이 목표 달성을 위해 엄청난 희생을 감수한다는 통념은 잘못된 것이다. 그들은 자신들의 노력이 희생이라는 생각은 전혀 하지 않으며 오히려 훈련을 즐긴다"라고 말했다.

당신이 원한다면 질척이는 진흙탕 속을 기어가든, 전기가 흐르는 철조망에 대고 진한 키스를 하든, 민물장어로 바지를 가득 채우든 상관하지 않겠다. 그러나 목표를 달성하는 일에서 최선의 방법은 우리가 생각해온 것과 정반대라는 사실만은 말해야겠다. 재미는 선택 사항이 아니다. 완벽주의를 타파하고 목표하는 바를 끝까지 완수하고 싶다면, 재미는 맨 처음 챙겨야 할 요소다.

어떻게 해야 목표가 더 재미있어질까

만일 당신이 목표로 삼은 일이 특성상 재미없는 일이라면 어떨까?

예컨대 체중 감량은 애초에 재미있을 수 없는 목표다. 절대로.

러닝머신에서 달리는 도중 느끼는 구역질 할 것 같은 기분은 절대로 재미있지 않다. 잘하지 못하는 운동을 배우려 애쓰는 일 역시 재미있지 않다. 아침 일찍 일어나는 것도 마찬가지다.

'당신은 모든 것을 즐길 수 있다'며 우리의 눈과 마음을 속이는, 달콤한 말만 늘어놓는 책들은 이제 갖다 버리자.

한 가지 반드시 기억할 것이 있다. 지름길은 '재미있는 일을 찾는 것'이 아니라 '하고 싶은 일을 재미있는 일로 만드는 것'이라는 것을. 그러기 위해서는 그 일을 재미있게 만들기 위한 행동에 나서야 한다. 어떻게 하냐고?

질문을 하나 해보자. "어떻게 하면 이 목표가 더 재미있어질까?"

바보 같은 질문이라고? 나도 안다. 하지만 나는 선견지명이 있는 사람이다.

우리 대부분은 목표에 재미를 더하지 않는다. 당신은 그동안 한 번이라도 계획했던 목표에 대해 위의 질문을 던져본 적이 있는가? 직장 상사가 올해 3분기 전략을 설명하며 "기억하게, 이건 재미있는 일이 되어야 해!"라고 말한 적이 있는가? 한 번이라도 새해 계획을 세워본 적이 있다면, 그 목표를 재미있는 것으로 만들기 위해 노력해본 적이 있는가? '재미'가 전제 조건이었던 적이 있기는 한가? 당신의 계획 속에 '재미'가 포함된 적이 있는가?

어려운 일, 도전, 원칙 등을 수식하는 단어의 범주에 '재미'는 포함

되지 않는다. 하지만 재미는 완벽주의에 대항할 아주 강력한 공격 무기 중 하나다. 재미를 추구하는 것이 실제로 중요하다고 말함으로써 완벽주의의 전선에 혼선을 일으키면, 목표 달성 확률이 더욱 높아지게 된다.

사진작가 제러미 코워트Jeremy Cowart가 '헬프 포트레이트Help-Portrait(도움이 필요한 이웃들을 찾아가 사진을 찍어주는 재능기부 운동)' 프로젝트를 시작한 것도 자신이 목표 달성을 즐길 수 있는 방법을 찾아냈기 때문이다.

세계적으로 성공한 사진작가 코워트는 자신이 가진 것을 사회에 환원하고 싶었다. 많은 사람들이 이와 비슷한 목표를 갖지만 그 과정이 재미있을 것이라 생각하는 사람은 많지 않다. 사회 환원을 이야기하면 사람들 대부분은 '집짓기, 벽화 그리기, 지역 주민들에게 음식 대접하기' 등을 떠올리지, 절대로 "내가 정말 좋아하는 일을 통해 다른 사람에게 도움을 줄 수 있는 방법이 뭘까?"라는 질문을 떠올리며 고민하지 않는다. 그러다가 대체로 사회 환원이라는 목표 자체를 포기하고 만다.

그러나 코워트는 '재미'를 최우선 순위에 두었다. 지난 10년간 테일러 스위프트Taylor Swift, 가스 브룩스Garth Brooks와 같은 유명인사들의 사진을 찍어온 그는 잘 찍힌 사진 한 장의 힘을 알고 있었다. 카메라 앞에 서기 위해 몸을 단장한 뒤, 스스로를 보며 사람들이 느끼는 자신감과 기쁨에 대해서도 알고 있었다. 무엇보다도 그는 자신이 이 프로젝트를 즐길 수 있고, 그래서 프로젝트를 지속해나갈 수 있다는 사실을 알고 있었다.

그는 매년 무료로 인물 사진을 찍어주는 특별 행사를 전 세계 수백 여 곳에서 개최하기 시작했다. 사람들은 무료로 메이크업을 받은 뒤, 10만 달러가 넘는 연봉을 받는 사진작가가 무료로 찍어준 사진을 들고 돌아간다. 이들 대부분에게 그 사진은 태어나 처음 찍어본 인물사진이다. 지금까지 그가 '헬프 포트레이트' 프로젝트를 통해 찍은 사진은 50만 장이 넘는다.

코워트가 하지 않는 일도 있다. 해머를 휘두르는 일, 도배하는 일 따위다. 왜냐고? 잘하지 못하니까. 그래서 그는 자신이 그런 일들을 즐기지 못할 것을 알았다. 동시에 스스로가 타인을 돕는 일에 더 큰 재미를 느낄수록, 그 일을 더 오래할 수 있을 거란 사실도 알고 있었다.

코워트와 달리 당신은 아직 당신의 목표를 즐길 방법을 알지 못한다면? 어디서부터 시작해야 할까? 그 시작을 위한 두 가지 방법을 살펴보자.

나의 동기는 당근일까, 채찍일까

벤 레인스Ben Rains는 투자 자문 전문가다. 그는 숫자를 잘 다뤘고, 빠르고 완벽하게 데이터를 처리할 수 있었다. 그런데 그가 가진 고민은 고객이 최선의 결정을 내리도록 돕는 과정에서 자신의 수학적인 설득이 전혀 먹히지 않는다는 사실이었다. 각각의 고객에 관한 다음과 같은 질문의 답을 찾기 전까지는 그가 가진 능력을 발휘할 수가 없었다. 그가 상담하기에 앞서 스스로에게 던지는 질문은 이것이다.

"그 고객이 정말로 재미있어 하는 건 무엇일까?"

재무 상태를 상담하기 위해 그의 앞에 앉는 모든 사람들은 저마다 독특한 이야깃거리를 들고 온다. 자라면서 부모로부터 배운 돈을 대하는 태도, 연인과의 관계, 그들이 가장 중요하게 생각하고 있는 것들 그리고 그밖에 수백만 개의 다양한 요소 등 그들은 '보이지 않는 흐름'의 영향을 받고 있다. 지난 십 년간 다양한 고객을 만나 자문을 제공해온 끝에, 그는 고객들의 '동기 유형'을 크게 두 가지로 범주화할 수 있었다.

하나, 보상을 위한 동기

둘, 공포에 의한 동기

먼저 구체적이고 명확한 보상이 보장될 때 일종의 동기부여 엔진이 순식간에 점화되는 사람들이 있다. 그들은 은퇴 계획이나 학비 마련 계획이 수립되는 순간 그 계획을 열정적으로 좇기 시작한다.

보상이 동기를 부여하는 사람들은 정신의학자들이 흔히 '접근 동기'라고 부르는 동기를 가진다. 특정한 목표를 달성했을 때 주어질

'보상'에 강력하게 끌리는 것이다. 그들이 기대하는 '긍정적인 결과' 자체가 동인이 된다. 보상이 그들에게 재미를 준다.

그들은 새로운 사업 계획을 세울 때 온라인 스토어에서 올리게 될 첫 매출을 가장 먼저 떠올린다. 지난 몇 년 동안 작아서 입지 못했던 청바지를 입고 날씬해진 몸에 맞는 새 옷을 사러 쇼핑에 나서는 것이 그들에게는 가장 중요한 다이어트 목표다. 이들에게 동기를 부여하는 요소는 목표 달성에 뒤따르는 보상이다.

반면 보상으로 전혀 동기부여를 받지 못하는 사람들도 있다. 이들에게 장밋빛 미래는 너무 먼 일처럼 보이거나, 지루하게 느껴지거나, 지나치게 당연해 보이는 것이다. 그런 사람들에게 보상으로 동기부여를 한다면? 이는 이제 갓 입학한 열네 살 중학생에게 열심히 공부하면 언젠가 훌륭한 직장에 취직하게 될 것이라고 설득하는 것과 별반 다르지 않다.

이들은 자신이 행동에 나섰을 때 얻게 될 결과 그 자체만으로는 동기를 부여받지 못한다. 오히려 그들은 행동하지 않았을 때 무엇을 얻지 못할지를 생각하며 행동하는 경향이 있다. 자녀가 대학에 입학하지 못할 수도 있다는 공포는 이러한 성향을 가진 부모들을 잠 못 들게 한다. 플로리다에서 여유로운 노후를 보내는 상상은 해볼 틈도 없이, 죽는 날까지 일만 해야 하는 건 아닐까 하는 걱정이 그들을 사로잡아 행동을 이끌어낸다. 미래에 대한 공포가 그들로 하여금 현재를 바꾸도록 강요하는 것이다.

이러한 현상을 '회피 동기'라고 한다. 회피 동기를 가지는 사람들은 목표하는 결과를 얻어내기 위해 노력하는 것이 아니라, 원하지 않는 결과를 피하기 위해 노력한다. 이 경우 '공포'는 뜨거운 불을 내뿜는 용이 아니라 차가운 물로 가득한 양동이다. 당신을 깨워 행동에 나서 도록 엉덩이에 발길질을 해대는 알람시계다.

나 역시 무대를 준비할 때마다 이런 종류의 공포를 느낀다. 내가 강연을 위해 만반의 준비를 하는 이유는 무대를 망치는 끔찍한 경험이 두렵기 때문이다.

'공포'라는 단어를 재미와 자연스럽게 연관 지을 수 있는 사람은 많지 않다. 하지만 당신이 회피 동기를 가진 사람이라면 내 말이 무슨 뜻인지 정확히 이해할 수 있다. 최악의 상황을 가까스로 면했거나, 시간에 쫓기다가 마감 기일을 겨우 맞췄을 때 느껴지는 쾌감이 있다. 이들에게는 재난을 회피했을 때 느끼는 감정 자체가 커다란 동기가 될 수 있다.

농담이 통하지 않거나 청중이 나를 좋아하지 않는 무대가 있다. 대부분의 경우 어쨌든 나의 준비 부족은 아니었으니, 뭐 그럴 때도 있다고 생각한다. 그런데 내가 오히려 가장 두려워하는 상황은 한 시간 짜리 연설을 의뢰 받았는데 준비한 자료를 20분 만에 끝내버리는 일이다. 무대에 서는 것 자체는 더 이상 두렵지 않지만, 이제 더 할 말이 없는데 뜨거운 무대 조명 아래 바보처럼 서서 기대에 찬 얼굴로 나를 바라보는 눈들을 마주하는 상상은 여전히 나를 두려움에 떨게 한다.

그때의 나는 '청중을 기쁘게 하는 자'가 아니라 '청중을 불쾌하게 하지 않는 자'를 목표로 하게 된다. (아직 유행어가 되지는 못했지만, 열심히 밀고 있는 신조어다.)

사실 내게 박수 받는 일은 크게 중요하지 않다. 나는 청중의 웃음소리가 좋다. 하지만 내게 그보다 더 큰 동기를 부여하는 것은 청중의 침묵이다. 내가 재미있거나 혹은 도움이 되는 이야기를 하려고 노력하는 이유는 그래야 청중이 불쾌해지지 않기 때문이다. 박수갈채가 아니라 '조롱의 회피'가 내게 동기를 부여한다.

무대 준비에서 강연이 끝나는 시간까지 전 과정을 통틀어 내가 가장 좋아하는 순간은 공항에 주차해둔 차에 다시 올라탈 때다. 끝까지 잘해냈다는 기분을 그 순간 느끼게 되는 것이다. 내가 무대를 망치지 않았고, 제대로 준비했고, 잘 끝냈다는 안도감이 밀려온다.

당신 역시 공포에 의해 동기부여를 받는 사람이라면 공포를 적으로 생각하여 맞서지 말고, 오히려 적절하게 활용해보자.

플로이드 패터슨Floyd Patterson과 마이크 타이슨Mike Tyson을 세계 챔피언으로 키워낸 트레이너 커스 다마토Cus D'Amato는 공포의 중요성에 대해 알고 있었으며 이렇게 묘사했다.

"공포를 이해해야만 공포를 다스릴 수 있다. 불길과도 같은 이 공포를 자신에게 유리한 쪽으로 활용할 수도 있다. 불길은 걷잡을 수 없이 번져서 모든 것을 태워 없애기도 하지만, 겨울에는 몸을 데워주고, 배고플 땐 음식을 구워주며, 어둠 속에서는 빛을 선물하고, 에너지를 생산해내기도 한다. 공포는 비범한 사람들의 친구다."

장밋빛 미래 혹은 암울한 결과의 회피, 둘 중 어떤 종류의 재미가 당신의 동기가 되는지를 이해하고, 꼼꼼하게 데이터로 남겨두자.

그래서, 당신은 어느 쪽인가?

한 아이에게 동기를 부여하는 활동이 다른 아이에게는 지루한 일인 상황을 경험했을 두 아이의 부모라면 이 훈련법을 금세 이해할 것이다. 한 아이는 방을 청소할 때까지 비디오 게임을 하지 못하게 하면 즉시 행동에 나선다. 하지만 다른 아이에게는 같은 조건이 전혀 먹히지가 않는다. 두 번째 아이는 '누군가와 함께하는 일'에 동기부여를 받기 때문에, 혼자 하는 비디오 게임 같은 건 기꺼이 포기하고 마는 것이다.

과거에 공포나 보상에 의해 이끌려 행동한 적이 있는가? 항해를 성공적으로 마치고 항구로 들어서는 상상에 동기부여를 받는가, 아니면 바다에서의 조난을 회피하는 상상에 자극을 받는가? 작가 조너선 필즈Jonathan Fields의 말처럼, 당신은 실패의 회피를 목표로 하는가 아니면 승리의 성취를 목표로 하는가?

많은 목표가 실패로 끝나는 주된 이유는 당신이 무엇에 '재미'를 느끼는지 깨닫지 못하기 때문이다. 열쇠가 맞지 않는 차를 가진 것과 같은 경우라고나 할까. 헬스장에서 이런 경험을 한 적이 있다. 헬스장 주차장에서 어떤 여성이 남편의 차 문을 여는 일을 도와달라고 부탁했다. 리모컨은 소용이 없었다. 차 문은 잠겨 있었고, 열쇠도 맞지 않았으며, 트렁크도 열리지 않았다.

한참 그 차량을 이리저리 살펴본 뒤, 자동차 열쇠를 자세히 들여다 봤는데 크게 박힌 폭스바겐 마크가 눈에 들어왔다. 그녀의 차가 포드 차량이었다는 것만 빼면 문제될 건 없었다. 고개를 들어 둘러보니 주차장 저편에 주차된 흰색 폭스바겐 차량의 트렁크가 활짝 열려 있는 것이 아닌가. 이 여성은 헬스장 사물함에서 실수로 다른 사람의 열쇠를 가지고 온 것이다.

잘못된 형태의 동기를 활용하면 차는 절대 굴러가지 않는다. 의사가 당신에게, 체중을 감량하지 않으면 심각한 건강 문제가 발생할 확률이 높아질 것이라고 말했다고 하자. 이건 공포로 유발한 동기다. 하지만 보상이 동기가 되는 사람의 경우 이 세상의 모든 경고 문구는 당신의 등 뒤를 그냥 스쳐 지나가고 만다. 오히려 당신에게 맞는 보상을 찾는 것이 더 나은 접근이다. 이탈리아의 그림 같은 해안 절벽 마을 친퀘테레에 가는 게 꿈이었다면, 그곳을 걸어서 오를 수 있을 정도로 건강해지는 것을 목표로 하는 접근 방식은 어떨까?

아무도 함께 일하고 싶어 하지 않는 어떤 팀과 함께 그 누구도 원하지 않는 프로젝트를 진행하라는 상사의 명을 받았다면, 적절한 동기가 생길 때까지 일을 미뤄두고 싶은 유혹이 생긴다. 하지만 의욕이 생길 때까지 기다리고 있다가는 아무것도 해낼 수 없다. 대신 당신에게 필요한 형태의 동기가 무엇인지 골라 프로젝트의 가능한 많은 부분에 적용하려고 노력하자.

마감의 공포가 당신에게 동기를 부여하는가? 프로젝트에 열두 개 정도의 마감일을 직접 정해보자. 다른 사람들이 당신의 노력을 인정해주었을 때 의욕이 생기는가? 업무 관계자들을 대상으로 프로젝트의 주간 성과를 보고해보자. 보상에 의해 동기를 부여 받는가? 프로젝트가 진행되는 동안 스스로에게 줄 보상을 추가해보자. 작가 새미 로데스Sammy Rhodes는 거대한 프로젝트를 맡은 뒤, 그 일이 끝나면 스스로에게 '영화'를 선물하기로 했다. 금요일 오후에 보게 될 영화 한 편으로 목요일의 작업이 훨씬 수월해지기 때문이다.

그런데 공포와 보상 중에서 마땅한 동기부여 요인을 저울질하는 그 순간, 완벽주의가 갑자기 끼어들어 당신에게 동기부여 같은 건 필요 없다고 말할지도 모른다. 혹은 진정한 승자에게 동기 따위는 필요 없다고 속삭일 수도 있다.

"승자들은 그냥 자신의 일을 해낼 뿐 보상도, 처벌도, 당근도, 채찍도 필요로 하지 않으며 그저 맡은 일에 코를 처박고 정진할 뿐이다. 보상은 속임수다. 속임수를 쓰다니, 당신이 그 정도는 아니지 않은가. 힘든 일은 그 자체로 보상이다."

이 따위의 말들로 아마 당신을 유혹할 것이다.

만일 이와 같은 속삭임이 들린다면 그것은 당신이 아주 잘하고 있다는 뜻이다. 완벽주의는 당신이 행동에 나설 때, 비로소 떠들어대기 시작하니까 말이다.

진짜 고수는 제대로 즐긴다

어느 날 친구의 인스타그램에 비행기에서 '길티 플레져^{Guilty Pleasure}(죄책감은 들지만 즐거운 일)'를 즐기고 있다는 글이 올라왔다. 대체 무슨 술을 마시기에? 알고 보니 그냥 탄산수였다. 술도 탄산 음료도 아닌 고작 탄산수로 길티 플레져를 느낀다는 친구를 보니 내가 야만인이 된 것 같았다.

당신이 내린 인생의 선택들에 대해 당신은 얼마나 후회하고 있는가? 나의 길티 플레져는 '적정한 한 끼 식사량'을 무시하는 것이다. '슈퍼 사이즈'나 '파티용'이라고 적힌 음식을 의식하지 못한 사이에 다 먹어치운 적이 있는가? 파티는 혼자 하는 게 아닐 텐데 말이다.

어쨌든, 친구가 탄산수로 스스로에게 보상을 주는 것은 참 멋진 일이다. 왜냐고? 재미라는 건 개인마다 다르고, 개인적인 것은 종종 엉뚱한 것일 때가 있기 때문이다.

내가 종종 양키캔들에서 구매한 발삼 앤드 시더 향초를 켜는 것도 같은 이유다. 아직 이 제품이 상징하는 12월이 오지 않았는데도 말이다. 마치 6월에 머라이어 캐리의 크리스마스 앨범을 듣는 셈이랄까. 하지만 무슨 상관인가. 나만의 규칙을 따를 뿐이다.

나는 발삼 나무의 향을 좋아한다. 구매한 이후로 한 번도 사용한 적 없는 도끼를 샀을 때 이 향초도 함께 샀던 것으로 기억한다. 이 나무는 사람을 바꿔놓는 능력이 있는 것 같다. 무엇 때문에 이 향을 좋아하게 되었는지는 기억나지 않지만, 나는 이 향기를 아주 사랑한다. 이 향초에서는 크리스마스와 루돌프, 그리고 행복의 냄새가 난다. 그래서 이 책을 쓰는 동안 사용하려고 60시간 동안 지속되는 발삼 앤드 시더 향초를 구매했다. 그리고 이 책을 쓰는 동안만 향초를 켜기로 스스로와 약속했다.

이 과정에서 나는 보상 동기와 공포 동기 중 하나에만 영향을 받는 사람은 거의 없다는 사실을 다시 상기하게 되었다. 무대 연설을 준비할 때는 공포가 동기부여를 하지만, 글을 쓸 때는 보상이 내 의욕을 고취시키기 때문이다.

향초는 내게 두 가지 종류의 재미를 준다. 첫 번째는 향기다. 앞에서도 언급했듯, 이 향초의 향기는 마치 유니콘의 숨결처럼 신비로운 힘이 있는 것 같다. 두 번째는 향초가 줄어드는 것을 보는 일이다. 이 초를 끝까지 태워 바닥이 드러나는 것을 보고 싶다. 나는 원고 집필을 끝낸 뒤 텅 빈 향초 병을 선반 위에 올려두는 나를 상상하곤 했다. 그 향초를 이 두 손으로 죽여 없앴다는 승리감에 취해 그 병을 바라보는 나를 말이다.

웬 엉뚱한 짓이냐고? 그래, 나도 인정한다.

그리고 이 엉뚱한 짓을 완벽주의가 절대 좋아할 리 없다. 아주 싫어할 것이다. 완벽주의가 재미의 반대편에 서 있다는 것을 감안했을 때, 엉뚱함을 얼마나 깔볼지 이제 상상할 수 있겠는가? 완벽주의는 기준

엄수의 아이콘이다. 절대 다다르지 못할 상상 속의 기준에 당신의 성과를 뒤틀고 녹여서 끼워 맞춘다. 완벽주의의 사전에는 엉뚱함이 끼어들 자리가 없다.

때로는 보상 동기와 공포 동기의 기로에서 갈등하는 대신 한 번에 두 마리 토끼를 잡을 수도 있다. 내 친구 에밀리는 자신의 동생과 다이어트 내기를 했다. 조건은 내기에서 진 사람이 이긴 사람의 마사지 비용을 대신 내주는 것이었다. 이 경우엔 보상으로 주어질 마사지가 동기를 부여하는 동시에, 자신이 졌을 때 지불해야 하는 마사지 비용이 공포로 작용한다.

다이어트 사례는 이제 지겨우니 다른 예를 들어볼까? 집안일 같은 지루한 주제는 어떤가? 독자 스티븐의 이야기를 들어보자.

"우리 집에는 끝도 없는 '할 일 목록'이 곳곳에 배치되어 있다. 조명의 스위치 판을 옮기는 일이나 액자를 거는 일처럼 대부분 20분 이내로 끝나는 간단한 일들이다. 그래서 하루 일과를 마치고 집에 돌아와 욕조에 몸을 담그고 쉬고 싶을 때마다, 그 목록에 있는 간단한 일을 하도록 스스로를 몰아붙인다. 작업을 거의 끝냈을 때 욕조에 물을 받기 시작해 작업을 마쳤을 때 물이 가득 차도록 시간을 잰다. 이 일을 수도 없이 반복한 탓에 이제 뭔가 생산적인 일을 하기 전에는 욕조에서 마음 편히 쉴 수 없을 정도다. 파블로프 박사님이 나를 자랑스럽게 여기실까?"

생산적인 일을 한 뒤에야 욕조에 몸을 담글 수 있다는 조건을 스스로에게 내거는 일보다 엉뚱한 행동이 있을까? 내 생각엔 없어 보이는데 말이다.

보상의 종류만큼이나 보상의 크기도 다양해질 수 있다. 몇 년 전에 나는 출장을 갈 때마다 렌터카를 업그레이드하는 방식으로 스스로에게 보상을 주기로 결심했다.

시애틀에 도착해 한 렌터카 업체에 차량 업그레이드 비용을 물었다. 직원이 태블릿 PC를 들여다보더니 "현재 렌트하신 잔디깎이 수준의 차량에서 인피니티 차량으로 업그레이드하는 비용은 하루 20달러입니다"라고 말했다. 샬롯에서는 최신 볼보 차량으로 업그레이드하는 데 15달러, 댈러스에서는 캐딜락으로 업그레이드하는 데 20달러가 추가 비용으로 들었다.

대단한 보상처럼 보이지 않을 수도 있겠다. 하지만 출장 목적으로 타지를 여행해본 적이 있다면 이토록 작은 보상이 대단히 큰 변화를 만든다는 사실을 금방 알 수 있다. 시애틀에서는 세 시간 동안 운전을 해야 했는데, 빠르고 흥미로운 모델을 운전하는 것만으로도 여정은 훨씬 즐거워졌고, 그에 비해 내가 낸 비용은 20달러에 불과했다.

반대로 공포에 의해 동기부여를 받는다면 어떨까? 목표를 달성하지 못했을 때 가해질 처벌에 대해 떠올리는 것이 어려울 때가 있다. 하지만 창의력을 발휘해보시라. 드라마 「빌리언즈」의 공동 제작자이자 영화 「라운더스」의 공동 작가 브라이언 코플먼Brian Koppelman은 자신이 쓴 영화 시나리오의 투자자를 찾는 데 어려움을 겪은 적이 있었다.

업계 전문가들은 시나리오의 주제가 너무 어두워서 영화가 성공하기 어려울 것이라고 말했고, 투자자들도 투자를 꺼리는 상황이라 희망이 없어 보였다. 몇 달간 절망에 빠져 지내던 그는 아주 괴상망측한 운동화를 디자인해 나이키에 제작 주문을 했다. 그리고 그는 대본 작업을 마칠 때까지 그 괴상한 스니커즈를 신고 다녔다. 운동화에는 그가 마무리 작업 중이던 영화 제목이 아주 밝은 분홍색으로 쓰여 있었다. 그는 적어도 매일 한 걸음씩 더 나은 모습을 보이겠다고 자기 자신과 약속을 한 것이다.

당신의 보상은 무엇인가? 공포로 인해 동기부여를 받는 사람이라면, 당신의 두려움은 무엇인가?

기억하자. 완벽주의는 '재미'는 중요하지 않다고 말할 것이다. 심지어 보상이나 공포를 목표 달성의 동기로 삼는 건 다른 것에 지나치게 의존하는 일이라고 당신을 집요하게 공격할 수도 있다. 멍청하고, 재미있고, 엉뚱한 방법을 택하는 사람은 이 세상에 당신 하나일 거라고 말이다.

하지만 그건 사실이 아니다.

당신이 이 책을 읽는 지금도 나는 무대를 망치지 않기 위해 어딘가에서 연설 연습을 하고 있을 것이다. 아니면 숲 속에 있는 듯한 기분을 선사하는 향초를 켜고 글을 쓰고 있을지도 모른다.

공포의 형태든 보상의 형태든, 목표에 재미를 더하면 더할수록 당신의 목표 달성 가능성은 더 높아질 것이다.

1년에 책 100권 독파하는 법

2017년의 첫 두 달 동안 나는 18권의 책을 읽었다. 짧은 기간에 그렇게 많은 책을 읽은 건 처음이었다. 2016년 한 해 통틀어 읽은 책이 아마 그보다 적었을 것이다.

어떻게 그 많은 책을 읽을 수 있었냐고? 가지고 있는 책의 10퍼센트밖에 읽지 못했노라 고백한 사람이 어떻게 한순간에 확 바뀔 수 있었냐고? '재미'를 활용했다.

먼저 '읽은 책'의 정의를 확장했다. '읽은' 것은 아니지만 오디오북도 읽은 책 목록에 넣기로 했다. 그냥 평범한 오디오북만 넣은 것이 아니라 1.5배 속도로 들은 오디오북도 넣기로 했다. 어떤 작가들은 책을 지나치게 천천히 읽어주니까 말이다. 또한 페이지 수 제한을 없앴다. 비즈니스 분야의 작가가 쓴 120페이지짜리 짧은 책을 읽었다면, 그 책도 한 권으로 친 것이다. 한 해 동안 700쪽짜리 책들도 여러 권 읽었지만 그렇다고 내가 고른 책이 모두 전화번호부처럼 두꺼운 것은 아니었다. 그래픽 노블도 읽은 책 목록에 넣기로 결정했다. 그 결정을 SNS에 올리자마자 누군가가 "만화책도 유효한가요?" 하고 물었다.

왜 안 되겠는가? 1년에 100권의 책을 읽겠다는 개인적인 목표에 어떤 잣대를 들이대야 한다는 말인가? 누구의 기준으로 내 목표의 가치를 평가할 수 있단 말인가? 규칙을 정하는 것은 나고, 그 규칙에 재미를 더하기로 결정한 것도 나다. 나는 오디오북을 좋아하고, 만화책도 좋아한다. 그래서 그 책들까지도 '읽은 책'으로 치기로 결정했다.

또한 나를 위한 재미있는 보상도 끼워 넣었는데, 책을 한 권 읽을 때마다 인스타그램에 짧은 리뷰와 함께 #책읽는남자에이커프(#AcuffReadsBooks)라는 해시태그를 달았다. (지금도 해시태그를 검색하면 내가 읽은 책들을 확인할 수 있다.) 나는 내가 올린 글로 인해 활성화된 토론을 지켜보는 일을 좋아한다. 게다가 이를 통해 언제나 다른 훌륭한 책들을 추천 받게 된다. 하지만 내가 재미를 느낀 점은 그게 다가 아니었다.

그 게시물이 점점 쌓이는 것을 보는 게 재미있었다. 나처럼 숫자에 집착하는 사람이 읽은 책 목록이 늘어나고, 책을 읽을 때마다 관련 이미지가 늘어나는 상황을 지켜보는 건 무척이나 재미있는 일이었다. 나는 또한 이에 관한 다른 사람들의 반응으로 동기부여를 받기도 한다. 누군가로부터 "올해 어마어마하게 책을 읽어대고 있군요!"와 같은 말을 듣는 것은 꽤 기분 좋은 일이다. 내가 하고 있는 활동을 남들이 알아차려주면 수줍다가도 고마운 마음이 마구 솟는다. 모르는 사람들이 내게 보내는 응원 역시 큰 재미를 안겨주는 요소였다.

그걸 재미있어 하는 게 조금 창피할 때도 있다. 완벽주의에 따르면 목표를 달성하는 데 남들의 인정 따위는 필요하지 않기 때문이다. 더 똑똑한 사람, 더 건강한 자아를 가진 사람은 그들이 무얼 하든지 남들과 공유할 필요를 느끼지 못할 것이라고 외쳐댈 것이다. 스스로 자기만족을 느끼고 그것으로부터 동기부여를 받을 수 있어야 한다는 말이다.

하지만 이미 우리는 완벽주의가 이리저리 이끄는 대로 끌려다니다가 이제는 셀 수도 없을 만큼 많이 실패의 쓴맛을 보지 않았던가. 더 이상 완벽주의가 말하는 허튼소리에 귀 기울일 필요는 없다. 나는 철저히 내가 재미를 느끼는 목표를 설정하고 나를 위한 재미있는 보상과 때로는 자극을 주는 두려움을 선택하기로 결심했다.

재미의 진실

경영컨설턴트이자 작가인 사이먼 사이넥Simon Sinek은 이렇게 말했다. "중요하다고 느끼지 않는 일에 매진하는 것을 스트레스라고 하고, 사랑하는 일에 매진하는 것을 열정이라고 부른다."

당신이 지금 당신의 시간과 노력과 마음을 쏟고 있는 목표는 무엇인가? 그리고 그 일을 할 때 당신의 표정은 어떤가?

지금쯤 완벽주의는 아마 이 책을 증오하고 있을 것이다. 그럼 이쯤에서 내가 추천한 결승선을 통과하기 위한 세 가지 행동을 되짚어보도록 하자.

하나, 목표를 절반으로 줄이자.

둘, 뒤로 미루어도 되는 일을 정하자.

셋, 끝까지 해내고 싶다면 목표에 재미를 더해라.

목표 설정을 이렇게 쉬운 일로 만들어준 책이 또 있었던가!

대체 '더 재미있는 목표로 만들기'라는 숙제가 또 어디에 있단 말인가. 너무 쉬워서 의심이 든다면 안심하자. 통계적으로 입증된 방식이니까. 이것은 완벽주의를 타도할 수 있는 목표 설정 방법이다. 당신을 결승선까지 단숨에 데려다줄 방법이기도 하다.

하지만 진심으로 결승선에 다다르고 싶다면 포기해야 할 것이 있다. 당신을 유혹하는 방해꾼들을 놓아버리는 일이다. 그게 뭘까? 다음 트랙으로 넘어가보자.

Action Plan

- 당신이 달성하려고 하는 목표에 '재미' 점수를 매긴다면 10점 만점에 몇 점을 주겠는가?
- 보상과 공포 중 무엇이 당신의 동기를 유발하는지 점검해보자.
- 재미를 추구하다 보면 종종 엉뚱한 일을 하게 될 수도 있다. (발삼 향초처럼 말이다.) 조금 더 구체화하기 위해 다음 문장의 빈칸을 채워보자.

  "엉뚱하긴 하지만 나는 _____이/가 재미있어."
- 목표 달성 과정에서 당신이 즐길 수 있는 3가지 작은 재미 요소들을 골라보자.

5장

은근슬쩍 계획을 뒤엎는 방해꾼

 '은신처'와 '숭고한 장애물' 〉〉

당신이 결승선에 가까이 갈수록 갑
자기 당신의 목표를 제외한 모든 것
들이 더욱 흥미로워 보이기 시작한
다. 마치 '방해 안경'이라도 쓴 듯 그
동안 알아차리지도 못했던 것들이
갑자기 눈앞에 나타나 춤을 추며 당
신의 시야를 가린다.

2004년에 내가 만든 가상 농구 뉴스레터는 대단한 성공을 거두었다.

나는 각 팀과, 수십 명의 선수들, 데이터를 통해 확인할 수 있는 모든 기록을 검토했다. 술술 읽히는 가벼운 문체에 유머까지 곁들인 글로, 결코 건조하거나 따분하지 않았다. 해당 리그 최고의 리바운더에 대한 분석을 기대했다가 웃음과 삶의 교훈까지 얻어가게 하는 그런 글이었다.

어려운 작업이었지만 내 팬을 자처한 독자들이 그 노력을 값지게 해주었다. 매주 몇 명이나 내 글을 읽었냐고? 애써 얻은 농구 지식을 즐겁게 읽어준 사람이 몇 명이나 되었냐고? 8명이다.

8000명도, 800명도, 심지어 80명도 아니고, 내 뉴스레터의 전체 구독자 수는 8명이었다. 그렇다면 매주 몇 시간씩 들여 그 뉴스레터를 쓴 이유가 뭐냐고?

책을 쓰는 것보다 훨씬 쉬웠기 때문이다.

모든 목표의 시작점에서, 당신은 그 목표의 파괴를 위해 전면전에 나선 완벽주의를 만나게 된다. 완벽주의는 완벽하지 않다면 그만두라고 말한다. 당신의 목표가 원대하지 않다고 핀잔을 준다. 목표 달성 과정에 재미를 더하려는 당신의 생각을 비난한다.

하지만 잠시 심호흡을 한 뒤 당신의 목표를 폄하하려는 완벽주의의 시도를 마침내 차단하고 나면, 완벽주의는 전략을 180도 바꾸어 나타난다. '파괴'에서 '방해'로 예상치도 못한 진로 변경을 하는 것이다. 전면 공격으로 성벽을 허무는 데 실패하고 나니, 다른 기회들을 제공함으로써 당신을 포위한다.

당신은 결승선을 향해 잘 가고 있었다. 그런데 결승선에 가까이 갈수록 갑자기 당신의 목표를 제외한 다른 모든 것들이 더욱 흥미로워 보이기 시작한다. 마치 '방해 안경'이라도 쓴 듯 그동안 알아차리지도 못했던 것들이 갑자기 눈앞에 나타나 한바탕 춤을 추며 당신의 시야를 가린다.

"그 프로젝트를 끝내는 것보다 책장을 정리하는 게 더 낫지 않겠어? 가상 축구팀 업데이트를 최근엔 안 했잖아? 그 논문 같은 건 무시하고 사무실을 잠깐 돌면서 친목을 다지는 게 어때?"

우리가 무언가에 집중하려는 순간을 놓치지 않고 수천 개의 다른 일들이 당신의 관심을 구걸하기 시작한다.

골프를 하는 사람이라면 '지나친 분석에 의한 기능 저하Paralysis by analysis'에 대해 들어본 적이 있을 것이다. 우리가 완벽한 계획을 세우는 데 집착한 나머지, 계획만 세우고는 결국 아무것도 하지 못한 채 끝나버리는 상황과 유사하다.

하지만 완벽주의는 지나친 분석 외에도 두 가지 눈에 띄는 방해물을 더 제공한다.

하나, 은신처

둘, 숭고한 장애물

'은신처'는 당신이 목표 대신에 관심을 돌리게 되는 활동을 말한다. '숭고한 장애물'은 결승선을 향해 달리지 않는 것을 타당하다고 생각하게 만드는 핑계를 말한다.

이 두 가지는 당신의 목표 달성에 치명적인 영향을 끼친다.

스스로를 기만하는 방해꾼, 은신처

먼저 은신처에 대해 이야기해보자. 은신처는 '일을 망치는 것에 대한 공포'로부터 숨을 수 있는 안전한 장소다. 은신처는 사실 당신이 목표를 회피하고 있음에도 마치 성공한 것 같은 기분이 들게 하는데, 이는 완벽주의가 쥐도 새도 모르게 중간에 끼어들었기 때문이다.

그럼에도 은신처는 대단히 비생산적인 덫이기 때문에 종종 쉽게 발각된다. A라는 어떤 일을 해야 할 때마다 넷플릭스로 영화를 보고 있다면, 그게 바로 당신의 은신처다. 당신의 모든 노력에 뒤따르는 '불완전성'에 대한 두려움을 직면하지 않으려고 어떤 기술도 요구하지 않는 다른 일에 몰두하게 되는 것이다. 블로그에 쓰는 글은 망치기

일쑤지만, 당신이 「못 말리는 패밀리」라는 드라마를 어떻게 보는지에 대해서 왈가왈부할 사람은 없다.

어떤 은신처들은 생산성 있는 활동처럼 보인다. 하지만 그건 그저 속임수일 뿐이다. 유사(流沙)처럼 말이다. 유사는 외견상 다른 해변과 다를 것 없어 보이지만 마치 물처럼 흐르는 모래로, 이곳에 발을 집어넣으면 더 깊이 빨려 들어간다.

은신처는 유사처럼 당신을 기만한다. 가장 중요한 프로젝트가 제자리걸음만 하고 있을 때에도 은신처는 마치 당신이 잘해내고 있는 것처럼 느끼게 한다.

내가 은신처에서 허우적댈 때마다 나를 그곳에서 꺼내주는 사람은 아내 제니다. 어느 날 오후, 아내가 이렇게 말했다. "당신, 받은 메일함이 깔끔한 걸 보니 지금 글 안 쓰고 있구나?"

앞서 말했듯이 나는 이메일을 싫어한다. 받은 메일함도 싫어한다. 이메일을 통한 의사소통 방식이 나는 싫다. 그런데 내가 끝내야 할 일이 생기면 이메일만큼 숨기 쉬운 공간이 또 없다. 이메일 작업은 아무리 시간을 쏟아도 끝나지 않는다. 비워야 할 폴더가 꼭 남아 있고, 연락해야 할 사람이 꼭 한 사람은 있다. 완벽한 이메일을 쓰고 나면 열심히 일한 스스로가 자랑스러운 기분까지 든다.

이메일이 가지는 최고이자 최악의 특징은, 사람들에게 답장을 보내 받은 메일함을 비우고 나면 반드시 답장을 받게 된다는 점이다. 그래서 받은 메일함은 이내 다시 꽉 차고 만다. 밀물과 썰물처럼 절대로 끝나지 않는다. 게다가 제안 받은 기회에 응함으로써 돈을 벌고 있는 것이라고 스스로의 행동을 정당화시킬 수 있다. 고객들의 질문에 답을 해주는 좋은 사업가인 것 같은 기분도 느낄 수 있다. 실제로는 아주 조금 일을 하고도 많은 성과를 이룬 것 같은 기분이 든다.

이메일을 그렇게 많이 받지 않았더라면 최고의 책을 써낼 수 있었을 텐데! 이 가혹한 세상은 끝도 없이 이메일을 되돌려준다. (적당히 바쁘면 좋으련만, 바쁨에는 중간이 없다.)

목표를 달성하고 싶다면 이러한 은신처를 무시할 수 있어야 한다. 당신의 은신처를 깨닫게 해줄 세 가지 질문을 소개한다.

1. 진짜 '실수'로 거기에 간 거 맞아?

정신 차려보니 당신이 목표 이외의 다른 것에 몰두하고 있었다면, 당신은 은신처로 물러선 것이다. 더 말할 것도 없이 시간 낭비만 한 셈이다.

실수로 어려운 프로젝트를 맡게 되는 일은 없다. 당신이 회피 중인 그 일이, 어느 날 갑자기 예상치 못하게 뚝 떨어진 일이 아니라는 것이다. "그냥 위를 올려다봤을 뿐인데, 이력서 검토하는 업무가 내게 떨어졌지 뭐야. 몇 주 뒤로 미룬 것뿐인데 갑자기 저기에 나타난 거 있지!" 우연히 운동을 하게 되는 경우도 결코 없다. "원래 TV를 보기로 되어 있었는데 말이야, 갑자기 버피 테스트를 하고 있지 뭐야!"

어려운 일은 원칙을 필요로 하기 마련이다. 하지만 은신처는 그렇지 않다. 손톱을 물어뜯는 버릇을 가진 사람이 스스로에게 손톱을 물어뜯으라고 상기시킬 필요는 없는 것이다. 특히나 스트레스가 심한 날이면 누가 시키지 않아도 나도 모르게 그러고 앉아 있을 테니까.

자꾸만 집착하게 되는 프로젝트가 있는가? 절대 놓아버릴 수 없는 그런 프로젝트 말이다. 하루는 다른 회사에 보낼 완벽한 우편엽서를 만들기 위해 몇 시간 동안 애를 쓰고 있는데, 참다못한 상사가 다가와 누구도 그 우편엽서를 기억하지 못할 거라고 내게 상기시켜주었다.

반면에 내 글을 싣기로 되어 있던 회사의 새 카탈로그는 모든 중역들에게 보고될 것이었다. 그 카탈로그에는 회사에 생길 엄청난 변화를 싣기로 되어 있어 중요했고, 끝내기 어려운 업무이기도 했다. 그래서 나는 그 카탈로그를 붙들고 있는 것보다 우편엽서를 만드는 편이 좋았던 것이다. 그 커다란 프로젝트에 몰두하는 것보다는 '어쩌다 우연히 은근슬쩍' 우편엽서로 관심을 돌리는 것이 훨씬 쉬운 일이었다.

당신이 시도 때도 없이 확인하는 스마트폰 어플은 무엇인가? 휴대폰을 그냥 만져본 것뿐인데 어느 순간 인스타그램을 샅샅이 훑고 있는 모습, 왠지 익숙하지 않은가?

2. 그 일에 시간을 쏟는 이유를 설명하는데 무려 '케빈 베이컨의 6단계 법칙'이 다 필요한가?

지금 하고 있는 일이 가치 있는 이유에 대해 아주 복잡하고 다양한 차원의 설명을 해야 한다면, 아마도 그 일은 가치 있는 일이 아닐 확률이 높다. 생산적인 일로 가장한 은신처에서 당신은 유유자적하며 캠핑을 즐기는 상황일 수도 있다. 양파의 껍질을 한 겹 벗겨내기 전까지는, 그 경험이 완벽하게 '도움 되는 일'처럼 보일 수 있기 때문이다.

나는 나의 가상 농구 뉴스레터를 정당화하기 위해서, 나의 진짜 목표였던 책을 쓰는 일에서 적어도 몇 차원은 벗어난 설명을 덧붙여야 했다. 이렇게 주변 사람들 그리고 나 자신에게 변명과 핑계를 구구절절 늘어놓아야만 하는 일을 하고 있다면, 그 일이 바로 당신의 은신처임에 틀림없다.

지금 당신이 몰두하고 있는 그 일이 당신이 목표로 하는 그 일과 같은 맥락에 있는가? 아니면 정당화하는 데 창의력이 필요할 정도로 몇 차원 떨어져 있는가?

3. 친구들은 어떻게 생각하는데?

당신에게 은신처가 간절히 필요하다고 느낄 때, 친구를 찾아가자. 어떤 일이 의미 있는 일이라고 생각하도록 스스로를 속이기는 쉽다. 그리고 그 일이 은신처인지 아닌지 주변 사람들만큼 빠르게 알아차리지 못하기도 한다. 하지만 당신의 친구는 할 수 있다. 가까운 사람에게, 당신이 현재 목표를 달성하는 일과는 거리가 먼 중요하지 않은 무언가에 시간, 에너지, 또는 돈을 낭비하고 있는 것 같은지 물어보자.

제발 그러지 말라고 앞을 막아서는 완벽주의의 말은 무시하자. 완벽주의는 외로움을 즐긴다. 완벽주의는 어떤 일이든 당신이 '혼자' 해내도록 하는 걸 좋아한다. 다른 누군가에게 의지하는 것은 반칙이라고 당신을 설득한다. 다른 사람이 필요하지 않을 정도로 강해야 한다는 것이다. 하지만 그건 말도 안 된다.

완벽주의가 이런 말을 속삭이는 이유는 무엇일까? 여러 사람으로 이루어진 한 팀을 상대하는 것보다 한 사람을 상대하는 것이 쉽기 때문이다. 생각해보라. 당신이 내린 최악의 결론은 당신 혼자 내린 결론이었을 것이다. 같은 이유다.

위의 세 가지 질문을 던지는 이유는 당신이 애용하는 은신처를 파악하기 위해서다.

일단 은신처들의 존재를 확인했다면, 다음 순서는 당신이 은신처에 쏟은 시간과 에너지, 돈을 목표 달성에 도움이 되는 활동에 쏟아붓는 것이다.

음반을 하나 만들고 싶다면, 앨범 제작에 필요한 일을 하자. 그게 뭔지는 나도 알지 못하지만 시간과 에너지, 그리고 아마도 돈이 필요할 거라는 건 안다.

은신처를 발견한 이상, 그 은신처에서 시간을 낭비하는 일이 다시는 없어야 한다. 당신이 TV 앞에서 리모컨으로 채널을 돌리며 흘려보낸 시간은 영원히 사라지고 만다.

에너지의 경우 측정이 조금 더 까다롭다. 하지만 시간만큼이나 값비싼 것이 에너지다. 아인슈타인이 최고의 업적을 남긴 기간은, 그가 지루하기 짝이 없던 특허 사무실에서 일하던 때였다.

그럴 수 있었던 이유가 뭐냐고? 그 지루한 업무에 창의력이 필요하지는 않았기 때문이다. 그는 창의적인 아이디어로 머릿속을 가득 채운 채 퇴근할 수 있었다. 당신의 에너지를 은신처에 낭비하지 않도록 노력하자.

마지막으로 은신처에 돈 쓰는 일을 멈추자. 정말 운동을 하고 싶지만 헬스장 등록비를 감당할 수 없다면, 지난 휴가에서 누린 사치가 당신의 은신처였을지 모른다.

우리가 가진 시간, 에너지, 돈에는 한계가 있다. 무언가가 이 귀한 세 가지 자원을 훔치는 중일지 모르니 조심하자.

주의해야 할 점은 방해 요인과 당신이 한 약속을 구분할 줄 알아야 한다는 것이다.

예를 들어 당신이 직장에서 하는 일을 즐길 수 없을지 모르나, 어쨌든 직장에서 맡은 업무는 은신처가 아니라 당신의 의무다. 업무에 시간과 에너지를 쏟는 것은 당신이 해야만 하는 일이다.

아이들 역시 방해 요인이 아니다. 자녀 양육은 내게 참 쉽지 않은 일이었는데, 아이들이 어렸을 때 오후 낮잠을 자지 않았기 때문이다. 자녀가 없다면 낮잠을 자지 않는 아이가 무슨 대수일까 생각할 테지만, 한 명이라도 자녀를 키워본 사람이라면 나의 그 고통을 100퍼센트 이해할 것이다.

가족회의를 열어 낮잠을 잘지에 대해 논의한 적도, 투표를 한 적도 없다. 그냥 어느 날 아이들이 더 이상 낮잠을 자지 않기로 결정해버린 것이다. '매주 토요일마다 애지중지하며 즐겼던 그 90분 말이야? 이제 그 시간을 엄마 아빠에게서 해방시켜주려고. 이제 그 시간은 우리 거거든. 우리 집 대장은 나야.'

그냥 그렇게, 소중했던 90분은 사라져버리고 말았다.

매일 같은 시간에 일어나던 당신의 자녀는, 당신이 중요한 일을 아침에 처리하기로 마음먹은 날 바로 그 시간에 잠에서 깬다. 하지만 어쩌겠는가. 당신의 자녀는 방해 요인이 아니다. 당신의 아이는 의무 항목에 속한다. 당신의 건강도, 배우자도 마찬가지다.

하지만 당신이 꿈을 좇는 대신 매일 시간을 쏟아붓고 있는 그 프로젝트는 어떤가? 진짜 중요한 일 대신 헤어진 연인과 침대에서 보낸 과거의 시간들은? 이제 그 은신처가 제공하는 평화는 가짜 평화라는 사실을 인지할 때다. 당신을 보호해주기는커녕 목표를 향해 가려는 당신을 방해할 뿐이다. 이제는 완벽주의가 설치한 은신처라는 덫을 인지하고, 밝은 빛을 향해 한 걸음 내딛어야 할 때다.

지금이 바로 은신처에서의 활동을 당신의 목표 달성을 위한 도구로 전환할 적기다.

유도 기술을 살짝 활용할 시간

은신처에서 벗어나지 못해 애먹은 경험이 있는 사람이라면 알 테지만, 새로운 목표와 사랑에 빠질 수 있는 최고의 방법은 기존 목표를 끝내려고 노력하는 일이다.

그런데 이미 진행 중인 목표를 거의 달성해갈 때만큼 새로운 아이디어에 대한 창의력이 샘솟는 시기가 또 없다. '이 다음엔 뭐하지'가 '지금 뭘 하고 있는지'보다 언제나 더 흥미로워 보이기 때문이다.

당신이 목표를 정하고 그 목표에 재미를 더하는 순간, '알고 보면 은신처'인 새로운 목표가 머릿속에 불현듯 떠오른다.

언젠가 떠오른다거나, 나중에, 혹은 14일째 되는 날 떠오른다는 얘기가 아니라, 시작하는 날 바로 은신처를 찾게 된다는 얘기다. 항구를 채 떠나기도 전에 완벽주의는 또 다른 항구를 만들어 그곳에서 당신의 이름을 불러댄다. 이때 아마 당신은 스스로에게 이렇게 외칠 것이다.

"집중해야 돼. 무시해버리라고!"

그런데 이러한 유혹에 직면했을 때 그 목소리를 떨쳐버리려는 노력은 최악의 선택이다.

하지만 만일 그 새로운 아이디어가 방해 요인이 아니라 정말 훌륭한 아이디어라면 어떻게 하지? 불현듯 떠오른 그 아이디어가 실제로 당신이 해야만 하는 바로 그 일이라면? 만일 그 아이디어가 지금까지 당신이 생각해낸 것 중에 최고이고, 노력을 기울여 더 발전시킬 수도 있다면 어떻게 하지?

물론 그 아이디어가 최고의 아이디어인지는 확신할 수 없지만, 그런 상황에서 이 아이디어를 무시하는 것은 잘못된 접근이다. 어찌할 바를 몰라 아이디어와 힘을 겨루며 맞서는 것은 시간과 에너지를 낭비하는 일이다.

대신 받아들이자. 실제로 그것이 멋진 일이라는 사실을 인정하자. 그다음 조건을 하나 내걸자. 지금 추진 중인 목표를 달성해야만 새로운 그 아이디어를 탐색할 수 있다고 자신과 약속을 정하는 것이다.

유도에서는 상대방의 힘을 저지하는 게 아니라 활용하는 게 기술이다. 상대의 추진력과 무게, 힘을 활용해야 한다. 상대의 힘에 맞서 버틸 게 아니라 무게중심을 무너뜨려 상대방이 스스로의 힘에 의해 넘어질 수 있도록 허를 찔러야 한다. 갑자기 등장한 당신의 '기막힌 아이디어'가 새로운 방해꾼이 되어 시끄럽게 떠들 때 당신이 해야 할 일이 바로 이것이다.

이를테면, 나는 팟캐스트 방송을 시작하고 싶다. 한동안 팟캐스트를 해야겠다고 생각은 해왔지만 책 쓰는 일에 매진하기 전까지는 크게 열정을 쏟지 않았다. 그러다 본격적으로 책 쓰기에 돌입한 순간 내게 팟캐스트가 얼마나 매력적으로 다가왔는지 모른다. 출연할 게스트들을 줄줄 말할 수 있고, 그들에게 할 질문 목록도 이미 머릿속에 가득하다. 게다가 청중이 듣기 편한 토론 방식까지 생각이 끝났다.

이러한 생각을 하며 스스로를 부끄러워하거나 새로운 아이디어를 무시하려고 노력하기보다는, 그 프로젝트를 이 책이 마무리된 뒤에 바로 시작하기로 결심했다.

떠오른 아이디어를 버린 게 아니라 나중으로 미뤄둔 것이다.

당신이 정말 좋아할 보상거리를 만들고 싶은가? 새로운 아이디어 또는 새로운 목표가 눈앞에서 반짝일 때, 그것들을 지금 목표의 결승선에서 다시 만나기로 하자. 그 반짝이는 것에 굳은살이 박이게 하지 말고 그냥 반짝이는 그대로 놓아두자. 그 아이디어가 당신의 결승선을 향한 화살표가 되게 하자.

이 책을 끝낼 때까지 팟캐스트는 없다.

지금 목표로 한 그 다이어트를 끝내기 전까진 다른 다이어트 방식을 시도하지 않는다.

지금 추진 중인 사업을 완성하기 전까지는 다른 사업 아이디어를 내지 않는다.

지금 당신이 은신처로 삼은 꿈의 목표를 활용해 결승선을 긋고, 그 결승선까지 얼마나 빨리 달려갈 수 있는지 지켜보자.

이토록 훌륭한 방해꾼, 숭고한 장애물

당신이 은신처라는 난관을 넘어서면 완벽주의는 이제 '숭고한 장애물'을 당신 앞에 내던진다. 그리고 숭고한 장애물은 당신이 더 이상 목표를 향해 달리지 못할 아주 좋은 이유가 되어준다.

완벽주의는 당신에게 "그걸 하기로 한 이상, 잘 해내야 할 거야"라고 말한다. 그런데 '잘 해내다'의 개념이 정의되지 않은 상태에서 목표에 도전하면, 상황은 대체로 둘 중 하나의 방향으로 흐르며 복잡해지고 만다.

완벽주의가 내세운 첫 번째 숭고한 장애물은 당신이 다른 어떤 것을 해내기 전까지는 목표를 좇을 수 없다고 은밀히 속삭인다. "Y를 해낼 때까지 X를 할 수 없어"라고 말이다. 목표를 향해 다가가봤자 결국에는 결과가 나쁘거나, 아니면 당신이 나쁜 사람이 될 것이라고 말하는 경우도 있는데, 이것이 두 번째 숭고한 장애물이다.

사업가를 목표로 하는 사람들은, 사업을 시작하면 자신이 지나친 일 중독자가 될까 봐 두렵다고 말한다. 자신이 목표를 향해 정진하기만 하면 곧장 이혼 위기에 처할 것이며, 그 사업에 가정을 포기할 만한 가치는 없다고 말이다. 안전한 게 최고다. 정말로 사업이 하고 싶어질 때, 어떤 결과가 발생할지 생각을 해보면 금방 답이 나온다. 이들은 사업 자체를 피하고 있는 게 아니라 결혼의 신성함을 보호하는 것이다. 아, 얼마나 숭고한가!

이 숭고한 장애물은 내 친구 빌이 영영 창고 청소를 하지 않게 될 이유가 되기도 했다.

빌은 자신이 '창고 청소'라는 목표를 달성하지 못할 것을 알고 있다. 낡은 짐 무더기를 따라 이어진 좁은 통로에 들어설 때마다, 그는 이 창고를 다 청소하기 전에 그가 먼저 늙어 죽을 것이라고 생각한다. 냉장고에서 맥주를 꺼내 마실 땐 그런 생각을 하지 않았던 것 같은데 말이다. 시간이 늦어 이미 날은 어두워졌고, 빌의 창고 청소는 또 물 건너간 일이 되었다.

빌을 비난하려는 건 아니다. 우리 집 창고를 청소한 적이 한 번 있는데, 그때 길이가 족히 30센티미터에 달하는 노르웨이 선창 시궁쥐를 발견했다. 참 이상하기도 하지, 우리 가족은 노르웨이나 선창 근처에는 살아본 적이 없었는데 말이다. 이 쥐들은 소위 '갈색 쥐' 또는 '이 집 파는 게 좋겠어' 쥐로 불린다. 만화 「마우스 킹」의 생쥐처럼 똑똑하고, 자동차 오디오를 훔쳐가지 않을 정도로만 영악한 생쥐가 창고에 살면 좋겠지만, 현실에서는 있을 수 없는 일이니까.

빌의 창고에도 쥐가 살고 있는지는 모르겠지만, 하나 확실한 게 있다면, 빌이 창고 청소를 하지 않을 거라는 사실을 아내에게는 절대로 선언하지 못할 것이라는 점이다.

대신 아내가 청소를 요구할 때마다 "좋은 아이디어야! 내가 할게. 근데 먼저 안 쓰는 창고 물건들을 판매하는 것부터 하면 어떨까?"라고 말할 것이다.

표면상으로는 목표 달성을 향한 최선의 제안을 한 것처럼 느낄 수 있다. 언쟁을 벌이지도 않았고, 아내가 제안한 프로젝트에 사실상 열정적으로 동의한 셈이니까. 아니, 동의에 그친 게 아니라 그 프로젝트를 통해 돈을 벌 수 있는 방법까지 제시한 것 아닌가. 이게 바로 윈윈 전략이다.

하지만 빌의 아내는 그의 의도를 정확히 알고 있다.

빌은 창고를 청소하기 위한 첫 번째 조치를 취하는 대신 숭고한 장애물을 끌어들였다.

숭고한 장애물의 핵심은 목표 달성을 보다 더 어렵게 만드는 데 있다. 그래서 결국 그 목표를 달성할 필요가 없게 되는데, 그럼에도 당신은 여전히 꽤 괜찮은 사람처럼 보일 수 있다.

내가 경영 관련 서적을 출간하는 대신 가상 농구 뉴스레터를 작성한 것은 '은신처'에 숨는 행동이었다. 그리고 이 시대 최고의 경영 서적 100권을 읽어야만 비로소 책을 쓸 준비가 되는 것이란 생각은 '숭고한 장애물'이다.

빌과 그의 아내는 20년 전 결혼한 이후 단 한 번도 창고 정리 세일을 한 적이 없었다. 하고 싶었던 적이 없었으니까 말이다. 빌은 주말마다 열리는 이웃집 창고 정리 세일에도 가지 않는 사람이다. 궁지에 몰리기 전까지, 그는 그 아이디어를 한 번도 언급하지 않았다. 그런데 궁지에 몰린 바로 그 순간, 그는 기어이 숭고한 장애물을 생각해낸 것이다.

　원래는 단순히 '창고 비우기' 프로젝트였던 것에 '창고 정리 세일'이 추가한 수많은 단계들을 생각해보자. 다음은 그중 몇 단계를 추린 것이다.

1　날씨를 확인하고, 출장 일정과 자녀의 축구 경기 일정을 확인하여 창고 정리 세일에 적절한 날짜를 택일한다.

2　HOA(집주인협회)에 확인하여 창고 정리 세일에 대한 뜻밖의 규칙들이 있는지 검토한다.

3　'좋은 집을 위한 선창 시궁쥐 판매' 등과 같은 표지판을 만든다.

4　표지판을 내건다.

5　각종 SNS 검색을 통해 다른 사람들의 창고 정리 세일을 참고해 내 창고 정리 세일을 멋지게 꾸밀 아이디어를 얻는다.

6　중고로 판매할 수 있는 물건을 찾기 위해 창고를 탐색한다.

7　'판매용, 폐기용, 보관용'으로 물건을 범주화한다.

8　모든 물품의 가격을 정한다.

9　각 물품에 가격표를 붙인다.

10　주차장에 물품을 진열한다.

11　지구상에 남은 아직도 현금으로 계산하는 몇 안 되는 사람들을 위해 은행에 가서 현금을 찾아온다.

12　체크카드 사용 고객들을 위한 통장을 발급받는다.

13 창고 정리 세일을 연다.

14 남의 창고 정리 세일을 정기적으로 찾아다니는 괴짜들과 흥정
   한다.

15 판매하지 못한 물건을 정리한다.

16 남은 물건을 창고에 다시 정리한다.

한 단계였던 창고 정리 목표가 16단계로 늘어났다.

이 숭고한 장애물 덕분에 빌은 실제로 아무 일도 하지 않을 것이라
는 뻔한 사실을 의심할 사람이 있을까? 빌이 화염 방사기로 불을 질
러서라도 창고를 샅샅이 들어냈다면 그의 아내는 만족해했을 것이다.
하지만 그토록 훌륭한 숭고한 장애물 앞에서 그녀는 꼼짝없이 손이
묶여버리고 말았다.

이게 단지 빌의 이야기라고만 할 수는 없다. 우리는 모두 자신만의
숭고한 장애물을 가지고 있다. 당신도 역시 마찬가지다.

'그때까지'가 문제다

어떤 숭고한 장애물은 개인적이며, 그래서 고유한 특성을 띤다. 그
런데 틈만 나면 이곳저곳에 나타나 흔히 목격할 수 있는 숭고한 장애

물들도 있다. 그중 하나가 바로 '그때까지^{until}'라는 단어다. 이 단어는 내 인생에도 수차례 끼어든 적이 있다.

내 친구 카렌은 저작권 변호사를 만나 확인하기 전'까지는' 블로그를 시작하지 않기로 했다.

블로그가 성공을 거두면 누군가가 자신의 저작권을 도용할까 두려웠던 것이다. 그녀는 내게 이메일을 보내 이 저작권 도둑이 자신이 만든 티셔츠와 캐릭터 모자, 자신이 각색한 그래픽 노블의 판권을 도용할지 모른다는 우려를 설명했다.

정말 말도 안 되는 걱정처럼 보일 수 있지만, 걱정이 합리적인 경우가 실제로 얼마나 되겠는가?

여기서 '그때까지'는 할로윈 코스튬을 입은 완벽주의에 불과하다.

이 사례는 첫 번째 종류의 숭고한 장애물에 완벽하게 들어맞는 예라고 할 수 있겠다. 무엇보다도 저작권 변호사를 찾는 일이 과연 쉬운 일인가 말이다. 게다가 그동안 나와 함께 일한 다른 변호사들과 같다면, 변호사 선임 비용이 만만치 않을 것이다. 이제 카렌은 블로그에 글을 쓰기도 전에 법률 상담 비용부터 모아야 하는 것이다..이런!

첫 번째 종류의 숭고한 장애물이 작가들만의 전유물은 아니다. 최고의 운동 프로그램을 선택하게 될 때까지 운동을 시작할 수 없다고 말하는 사람들을 알고 있다. 그들은 실수하거나 잘못된 선택을 하는 게 싫어서, 어느 것 하나 선택하지 않는다.

'그때까지'는 당신의 궤도가 꽉 막혀 결국 아무것도 시작할 수 없게 될 때까지 기다렸다가 그제야 내다버리는 장애물이다. '어휴, 저 많은 난관들을 보라. 오늘 뭔가를 시작하는 건 최선이 아닌 것 같다'는 식이다.

까다로운 점은, '그때까지'는 종종 책임감이라는 망토를 뒤집어쓰고 나타난다는 것이다. 그 장애물은 지금 게으름을 피우려는 것이 아니라, 제대로 시작하기 전에 모든 것이 제자리를 잡도록 하기 위해 나타난 척을 한다. 예를 들어 블로그에 작품을 올리는 것이 안전한지에 대해 변호사의 조언을 받기 전까지는 부지런히 블로그를 꾸미는 일 따위는 멍청한 시간 낭비다.

소화가 되지 않는 이유를 찾아내기 전까지는, 어제보다 단 1분도 더 산책할 이유가 없는 것이다. 내 책을 관통하는 주제가 무엇인지 확신이 서기 전까지는 첫 문장조차 쓸 수 없다. 집안의 모든 물건이 제자리를 찾기 전까지는 이 방을 청소할 수 없다.

완벽한 목표를 정하기 전까지는 그 어떤 것에도 몰두할 수 없다. 이런 식으로 어떤 일을 해내기 위해서 그 전에 방해 요소들을 모두 제거해야 한다고 믿는다면, 우리는 어떤 일도 할 수 없다. 매력적인 방해 요인이 반드시 하나는 존재하기 때문이다. 우리의 마음은 특정한 일에 몰두하는 일을 피하기 위해서라면 무슨 짓이든 하고 만다.

'그때까지'라는 말이 입 밖으로 나오는 순간, 베이컨도 없이 조리된 양배추 요리를 뱉어내듯 뱉어버리자. 어떤 야채가 얼마나 먹기 싫은지를 판단하는 척도는, 그 많은 근력 운동을 각오하고라도 애피타이

저 채소 요리에 얼마나 많은 베이컨을 더하게 되는지를 보면 된다.

'만일 그렇게 되어버리면'에 속지 말자

근력 운동에 대한 얘기가 나와서 말인데, 남자들이 사용하는 숭고한 장애물 중 재미있는 게 몇 가지 있다. 그들은 몸이 '지나치게 근육질'이 되는 게 싫어서 운동을 하지 않는다고 말한다.

"지금 당장 몸을 만들 수도 있지만 그 몸에 맞는 새 옷을 살 여유가 없어. 만일 단백질 음료를 너무 많이 마셔서 안 그래도 금방 커지는 내 근육들이 너무 빠르게 자라면, 그땐 어떡해."

이 남자는 두 번째 종류의 숭고한 장애물을 활용하고 있다. '그때까지'라고 말하는 대신 '만일 그렇게 되어버리면^{if...then}'이라고 말한다. 그들은 자신들이 목표를 좇으면 나쁜 일이 일어날 것이라고 주장한다. '달성한 목표'가 괴물로 변하거나, 아니면 자기 자신이 나쁜 사람이 되기라도 할 것처럼 말이다.

두 번째 종류의 장애물은 재무에 관한 일에서 자주 나타난다. 당신은 이제부터 몸에 좋은 음식은 피하기로 결정하는데, 유기농 표시가 된 건강한 제품을 사다 보면 곧 가난해질 것이기 때문이다. 목초만 먹여 키운 소고기나 자연 방목 닭고기보다 타코가 훨씬 저렴하고 간편하다는 것은 누구나 아는 사실이다. 그래서 현명하게 재무 상태를 관리하고 싶은 당신은 '몸에 좋은 음식으로 건강 챙기기'라는 목표를 포기하기로 한다.

스스로에게 '모 아니면 도'라는 극단적인 선택만을 제시하는 일은 '만일 그렇게 되어버리면'이라는 숭고한 장애물이 신속하고 무사히 당신의 앞을 가로막게 한다. 좀처럼 중간이 없는 이 극단적인 두 개의 선택지는 목표 달성을 위해 달리는 당신을 손쉽게 넘어뜨리고 말 것이다.

몸풀기만 잘해도 완주가 쉬워진다

목표를 달성해내는 사람들은 일을 복잡하고 어렵게 만들거나 숭고한 장애물 앞에 무릎 꿇는 대신에, 사전에 철저히 모든 준비를 한다.

'사전 준비를 한다'는 말이 '속임수를 쓴다'는 말처럼 들린다면, 당신의 느낌이 맞다. (이 책에서 우리가 시도하려는 것들은 앞으로도 당신에게 계속 그런 기분을 줄 것이다.)

다만 한 가지 좋은 소식은 사전 준비가 거창할 필요는 없다는 것이다. 우리가 이야기하려는 건 위대한 깨달음의 순간이 아니니까 말이다. 단순히 전날 저녁에 운동복을 꺼내놓는 것도 사전 준비일 수 있다. 새벽 6시에 일어나 무기력한 데다가 어둠 속에서 양말을 찾느라 허둥대기까지 해야 한다면 금세 운동을 포기하게 될 수 있기 때문이다. 중요한 일은 머리가 맑은 아침에, 급히 마무리해야 하는 일은 오후에 처리하도록 일과를 계획하는 것도 사전 준비가 될 수 있다. 어린 자녀가 제일 좋아하는 인형을 두 개 사두는 것도 마찬가지다. 어느 리조트 휴게소에 인형을 두고 온 아이가 세상이 끝난 듯 울어대도 미리 준비한 두 번째 인형으로 금세 달랠 수 있기 때문이다.

이것이 바로 노스캐롤라이나 주의 산중에 위치한 가구 공장에서 일하던 제이슨이 사용한 방식이다. 제이슨은 하루에 8시간 동안 소파를 만들며 바쁘게 일했다. 이 일에 소질이 있던 그는 한 시간에 소파를 8개씩 만들 수 있었다. 자신이 제작한 소파의 개수에 따라 급여를 지급받았기 때문에 그는 언제나 사전 준비를 해둘 방법을 궁리했다.

작업을 거듭하며 그는 소파 조립에서 가장 힘든 부분이 소파의 다리를 꼬아 올리는 작업이라는 것을 알게 되었다. 다른 조립 과정에서는 작업 속도를 높여주는 도구들을 사용할 수 있었지만, 이 작업은 일일이 손으로 하는 방법밖에 없어 보였다.

그러나 몇 번의 실험을 거친 뒤 그는 작게 자른 라디에이터 호스와 드릴 비트, 엔진 블록의 프리즈 플러그를 소파 다리에 붙이면, 다리에 나사를 조일 때 파워 드릴을 사용할 수 있게 된다는 사실을 깨달았다. 단순한 조작으로 다리 제작에 소요되는 시간을 50퍼센트나 절감한 것이다.

직접 고안한 새로운 방식으로 그는 한 주 평균 소파 10개를 더 제작할 수 있게 되었다. 그가 이룩해낸 혁신에 감탄한 회사는 그를 승진시켰고 다른 모든 직원들에게도 그의 방식을 전수하게 했다.

방금 말한 결론은 사실 농담이다. 현실 속 이야기의 결말은 달랐다. 회사는 그가 발명한 방식이 다른 직원들에게 불공평하니 사용하지 말 것을 요구했다. 만일 관료주의를 새롭게 정의내리라면, 이 상황이 딱 맞을 것이다. 그럼에도 제이슨은 회사를 그만두지 않았다. 대신 라디에이터 호스 장치를 19개 더 만들어 동료들도 사용할 수 있도록 나누어주었다.

제이슨은 목표를 끝까지 좇는 사람이다. 그가 집요하게 몰두한 것은 오직 한 가지, 바로 일을 수월하게 끝낼 방법을 찾는 일이었다. 시작만 하는 사람들은 그와는 반대되는 행동을 하는 경향이 있는데, 괜히 쓸데없는 창고 세일을 열어 장애물을 세우는 것이 그 예다.

완벽주의는 언제나 상황을 더 어렵고 복잡하게 만든다. 반면 목표를 끝까지 달성해내는 사람들은 상황을 더 쉽고 단순하게 만든다.

다음 번 목표를 추진할 때에는 프로젝트 도중에 스스로에게 아래 질문들을 해보도록 하자.

하나, 더 쉽게 할 수 있을까?

둘, 더 간단하게 할 수 있을까?

빌이 위의 질문들을 했었더라면 그는 아내를 만족시킬 수 있었을 것이다. 그가 갖고 있던 물건들을 진심으로 팔고 싶었던 거라면 창고에서 5개의 물품을 찾아 웹사이트에 올려 팔면 되었을 일이다.

물건을 5개를 골라 판매하는 게 창고 전체를 가득 채운 물건들을 파는 것보다 훨씬 쉽고 간단하니까 말이다. 그 작은 목표를 완수했더라면, 다음번엔 품목을 10개, 심지어 20개까지 늘릴 수도 있었을 것이다.

그러니 목표가 있다면, 목표를 단순화하자.

시간은 아직 우리 편이다

완벽주의는 당신이 은신처에서 너무 오래 시간을 지체했기 때문에 이제 더 이상 남은 시간이 없다고 말할 것이다. 이미 기회는 날아갔으며, 운도 다했다고 말이다.

말도 안 되는 소리다.

1970년대에 두 명의 작가가 영화 대본 작업을 함께 한 일이 있었다. 그들은 최선을 다했지만 누구도 그 작품에 관심을 보이지 않았다. 결국 그 대본은 19년 동안 영화사 사무실 선반에 놓여 있었다. 영화사 직원들은 몇 년에 한 번씩 대본 위에 쌓인 뽀얀 먼지를 털어내며,

'이 작품은 별로야'라고 생각했고 거들떠보지도 않았다.

그러던 어느 날 토니 크란츠Tony Krantz라는 에이전트가 그 대본의 진가를 알아보게 된다. 그는 어떻게든 그 작품을 영화로 만들기 위해 싸웠고, 힘겨운 과정을 거쳐 겨우 일을 성사시켰다. 그 영화 대본은 드라마로 빛을 보게 되었는데, 이 작품은 TV 드라마 역사상 가장 큰 성공을 거두었다.

그 드라마의 제목은 「ER」(1994년에 시즌1을 시작으로 2009년 시즌 15까지 제작되며 큰 인기를 끌었던 미국 의학 드라마)이다. 드라마로 제작되기까지 거의 20년간 사람들의 외면을 받은 이 대본의 두 작가는 「쥬라기 공원」으로 명성을 떨친 마이클 크라이튼Michael Crichton 그리고 이제는 세계적인 영화감독이 된 스티븐 스필버그Steven Spielberg다.

19년은 선반 위에서 보내기엔 너무나도 긴 시간이다.

당신이 얼마나 오랜 기간 동안 자신의 꿈을 회피한 채 지냈는지 나는 모른다. 아마 19일 정도, 아니 19년이나 흘렀을지도 모르겠다. 정확한 시간이 중요한 건 아니다. 결과는 여전히 같으니까.

당신의 목표도 중요하다는 사실을 인정하는 게 두려워서 자녀에게만 온통 에너지를 쏟고 있는가?

당신의 사업 계획을 추진하는 대신 받은 메일함을 관리하며 은신처에 숨어있는가?

애써 은신처를 철거해놓고 목표를 이전보다 더 복잡하게 만들어버렸는가?

지금 당장 외국어를 두 개나 배우고 싶은가?

숭고한 장애물의 허황된 세계로 그대로 행진할 텐가?

책은 쓰지도 않고 홍보 계획만 걱정하는 건 숭고한 장애물이다.

한 달 내내 단 1분도 운동하지 않고 탄수화물 섭취량을 따지는 건 숭고한 장애물이다.

아직 회사 등록 서류도 준비하지 않았는데 당신이 시작하려는 사업 분야의 25개 경쟁사들을 연구하는 것 역시 숭고한 장애물이다.

목표는 단순하다. 그러나 목표를 달성하는 과정은 한 줄로 정리되는 단순한 목표만큼 쉽지가 않다. 은신처를 떠나야 하고, 숭고한 장애물을 피해야 한다. 이번 장을 마무리하는 말로는 이상하게 들릴지 모르겠지만, 당신은 이제 '새'를 없앨 준비도 해야 할 것이다. 또 다음 트랙으로 가보자.

Action Plan

- ☑ 자신의 은신처를 인지하기 위한 세 가지 질문을 던지자.
- ☑ 친구와 함께 당신의 은신처에 대해 이야기를 나누자. 그리고 당신이 은신처에 숨어 있는 것을 목격하면, 반드시 지적해달라고 부탁하자.
- ☑ '다음 목표 목록'을 만들어 기존 목표를 추진하는 과정에서 떠오르는 새로운 아이디어들이 갈 곳을 만들어주자.
- ☑ 가구 제작자 제이슨이 그랬듯 '나만의 호스'를 찾아, 당신의 목표를 한 가지로 단순화하려고 노력하자.

인생 곳곳에 숨어든 '비밀 원칙들'

<< 목표 달성을 어렵게 만드는 그릇된 믿음 >>

결코 이길 수 없는 게임이라는 사실
을 알았다면 애초에 시도도 안 했을
테지만, 이번에도 어김없이 우리는
덫에 걸려들고 만다. 절대 기회를 놓
치는 법이 없는 완벽주의는 그 틈을
타 당신을 은근히 괴롭힐 크고 작은
원칙들을 곳곳에 심어놓는다.

가장 한심한 새를 꼽으라면, 나는 캐나다 기러기를 꼽겠다.

매년 "캐나다 국민 여러분! 당신들의 기러기가 또 거리로 뛰쳐나왔습니다. 와서 좀 잡아가세요"라고 트위터에 남기고 싶은 충동을 느낄 정도다. 캐나다 기러기들은 마치 곧 철이 들어 독립하겠다는 약속을 남발하는 스물다섯 살 난 아들 같다. 게다가 이들은 자신들이 떼로 도로를 건너려는 찰나에 당신의 차가 도로로 들어설 때면 마치 공격이라도 받은 듯 어찌나 사납게 구는지! 하여튼 이 기러기들은 날개라는 선물을 받고도 어딜 가든 걸어 다니려는 게 문제다.

이 캐나다 기러기들이 한심하긴 하지만, 실제로 세상에서 가장 한심한 새는 의심할 여지없이 뻐꾸기다.

극도로 이기적인 뻐꾸기는 산란기가 되면 다른 새가 지어놓은 둥지를 찾아간다. 그들의 목표는 다른 새로 하여금 자기 자식을 대신 키우게 하는 것이다. 이때 둥지의 주인인 다른 새들은 정작 아무것도 의심하지 않는다. 알의 색깔도, 무늬도 비슷한 데다가 산수에도 약하니 알이 몇 개 더 늘었다고 한들 알아차리지 못하는 것이다.

게다가 뻐꾸기의 알이 부화하는 시기가 더 빠르다. 그래서 대체로 알들 중 가장 먼저 부화한다. 부화한 뻐꾸기가 제일 먼저 하는 일이 무엇인지 아는가? 말하기조차 꺼려지는 끔찍한 표현이긴 하지만, 날카로운 부리를 사용하여 다른 알들을 부숴버리는 일이다. 다른 알들이 이미 부화를 한 경우 뻐꾸기는 어미 새가 먹이를 찾으러 간 사이 같은 둥지를 쓰던 형제들을 둥지 밖으로 밀어내버린다. 어미 새의 아이들은 드라마 「왕좌의 게임」 새의 왕국 편 주인공이라도 된 듯 차례로 죽어간다. 그리고 자신보다 훨씬 몸집이 큰 종을 먹여 키우는 일은 어미 새를 지치게 하고 만다.

이 이야기가 그런 식으로 끝나지 않아도 되었을 뻔했다는 사실이 나를 더 슬프게 한다. 그동안 못 보던 알이 생겼다는 것을 알아차리는 새들도 있기 때문이다. 그 새들은 못되먹은 뻐꾸기가 자신의 둥지에 기생하며 모든 것을 망쳐버리기 전에 조치를 취해 행복한 가정을 지킨다.

뻐꾸기에 대한 끔찍한 진실을 알게 된 이후로 나는 눈에 뻐꾸기시계가 보일 때마다 주먹질을 해댄다. 정교하게 깎은 목재 뻐꾸기시계 옆에 서서 정오가 되길 기다렸다가, 뻐꾸기가 튀어나오는 순간 가장 정확한 펀치를 날리는 것이다. 이때 핵심은 시계는 부수지 않고 뻐꾸기만 날리는 것이다. 아주 훌륭한 펀치를 완성했는데, 전문성을 갖추는 일이 언제나 그렇듯 1만 시간의 노력이 필요했다.

만일 당신이라면 당신의 목숨을 위협하는 위험천만한 기생충 같은 존재가 당신의 집에 침입했다는 사실을 알아차리지 못할 수가 있을까? 어떻게 뻔뻔하게 연기하는 모습을 눈치채지 못할 수 있을까?

그런데 놀랍게도 우리들 대부분은 이미 우리의 인생에 뻐꾸기처럼 가장하고 숨어 있는 '비밀 원칙들'과 함께 살아가고 있다. 다른 사람을 통해 보고 들어서 배운 것이든 스스로 만들어낸 것이든 우리는 자신만의 그릇된 인생 원칙을 세우고, 그것이 오히려 자신의 가능성을 갉아먹는다는 사실을 깨닫지 못한 채 살아가는 것이다. 바로 이것이 완벽주의의 천재성이 돋보이는 대목이다.

자신을 향한 회초리를 거두자

완벽주의의 핵심은 불가능한 기준에 스스로를 맞추기 위해 절박한 시도를 하게 한다는 데 있다. 완벽주의는 몇 가지 비밀 원칙만 따르면 게임에서 이길 수 있을 거라고 우리에게 끊임없이 은밀하게 약속을 해온다. 그리고 그 원칙만 따르면 완벽도 가능하다고 속삭인다.

결코 이길 수 없는 게임이라는 사실을 알았다면 애초에 시도도 안 했을 테지만, 이번에도 어김없이 우리는 덫에 걸려들고 만다. 자신도 모르게 완벽주의가 이끄는 방식대로 수년간 여러 목표를 좇다 보면, 절대 기회를 놓치는 법이 없는 완벽주의는 그 틈을 타 당신을 은근히 괴롭힐 크고 작은 원칙들을 곳곳에 심어놓는다.

롭 오네일Rob O'Neill의 완벽주의는 그에게 이렇게 속삭였다. "여행 가방에 바퀴 같은 건 별로 중요하지 않아."

세계적인 미디어 그룹 바이어컴의 부회장직 임용을 수락한 뒤 롭은 앞으로 다닐 출장에 대비해 새 여행 가방을 하나 장만했다.

임원이라는 지위에 걸맞은 고급 가죽 가방이었다. 여느 명품 가방처럼 디자인이 끝내주게 멋졌지만, 기능면에서는 실용성이 조금 떨어지는 제품이었다. 무거운 가죽 때문에 가방 끈은 그의 어깨를 파고들었다. 몇 달간 불편함에 오만상을 하고 로스앤젤레스와 뉴욕을 비행기로 오가는 중에도 그는 어쩔 수 없는 일이라고, 참아야 한다고 스스로를 설득했다.

애틀랜타 공항에서 환승하려고 기다리던 어느 저녁, 그는 자신과 달리 전혀 불편함이 없어 보이는 다른 비즈니스 여행객을 보게 되었다. 그와는 정반대로 그녀는 깔끔한 옷차림으로 터미널을 미끄러지듯 사뿐히 통과해 다음 회의 장소로 가고 있었다. 바퀴 달린 여행 가방을 아주 가뿐하게 끌고 가는 그녀는 심지어 평온해 보이기까지 했다.

그 순간 롭은 스스로에게 질문을 던졌다. "왜 바퀴가 중요하다는 생각을 못 했지?" 어느 순간엔가 그는 바퀴를 사용하는 것이 속임수라는 생각을 품었을 것이다. 편하고 익숙한 공간을 떠나 낯선 곳으로 떠나는 여행은 마땅히 불편한 것, 고통스럽고 좌절스러운 것이라는 생각에서였다.

그 주에 당장 그는 바퀴가 달린 여행 가방을 구입했고, 그 결정에 대해서는 뒤도 돌아보지 않았다.

사실 문제는 가방 바퀴가 아니었다. "중요한 일이라면 마땅히 힘들고 어려운 일이어야 해"라는 더 큰 규칙을 세웠던 것이 문제였다. 놀랍게도 아주 많은 고위직 임원들이 스스로를 괴롭히는 그런 종류의 원칙을 숨기고 산다.

만일 당신이 오늘 운동하면서 즐거움을 느꼈다면, 오늘은 운동을 제대로 한 날이 아닌 것이다.

이때 '즐거움'은 당신이 충분히 열심히 하지 않았거나 충분한 성과를 거두지 못했다는 것을 나타내는 지표로 활용된다.

이 원칙의 기준선이 더 높아지면, 결국 "절망스럽지 않으면 제대로 일하고 있는 게 아니야"라는 더 엄격하고 도달할 수 없는 원칙을 만들기에 이른다.

그 과정은 마치 작은 새가 자신의 둥지에 똬리를 튼, 자기 새끼들과는 생김새가 전혀 다른 거대한 새를 알아차리지 못하는 것과 같다. 자신과 자신의 목표를 해칠 원칙을 스스로 만들어내고, 그 원칙을 오히려 적극적으로 활용하는 셈이니 말이다.

목표 달성을 극도로 어렵게 만드는 이런 자신만의 비밀스러운 원칙들을 당신 역시 숨겨 두고 있다. 물론 그건 나도 마찬가지다.

내 경우엔 "쉽게 할 수 없는 일은 도전할 가치가 없다"가 그런 원칙이었다. 다르게 표현하자면 "무언가를 처음부터 새로 배워야 한다면, 이미 실패의 길에 들어선 것과 다름없다"라는 말이다.

살면서 조급하게 시작한 몇 가지 일들이 있었다. 예를 들어 2008년에 나는 블로그를 시작했는데 대단한 인기를 끌며, 개설한지 9일 만에 4000명의 독자가 생겼다. 굉장히 재미있는 경험이었는데 그에 반해 당시 내가 세운 원칙은, '10일 안에 폭발적인 성공을 거두지 못한다면 그건 이미 실패한 것과 다름없다'라는 것이었다. 시작한 일이 곧장 어마어마하게 성공적인 결과로 이어지지 않으면 나는 계획하고 시도한 일을 쉽게 포기하곤 했다.

그렇게 몇 년 동안 내 둥지에는 완벽주의가 심어놓은 비밀 원칙을 재잘대는 뻐꾸기들로 가득했다. 겉보기에 뻐꾸기 같은 생각들은 내 머릿속을 채운 다른 생각들과 크게 다를 바 없어 보였다. 정체를 숨기고 나에게 속삭이는 그들의 목소리에 귀를 기울이고 먹이를 줄수록 진실은 배를 곯을 수밖에 없었다.

거의 10년 가까이 그 원칙을 고수해온 결과, 내게는 새로운 일을 배우는 것이 믿을 수 없을 정도로 어려운 일이 되었다. 누군가에게 질문을 해야 하는 상황이 부끄러웠고, 방법을 모른다는 사실을 인정해야 할 때 당혹감을 느꼈다. 새로 배워야만 하는 일은 결국 실패로 이어질 것이라는 믿음으로 스스로를 속이며 인생을 살아온 것이다. 진짜 승자에게는 배움이 필요 없다고 믿었다. 승자라면 이미 모든 것을 알고 있어야 하는 것 아닌가?

무엇보다 이 원칙이 최악이었던 이유는 나의 선천적인 성격과 전혀 맞지 않았다는 점이다. 나는 무언가를 배우는 데 열정을 쏟도록 타고난 사람이다. 지구상에 존재하는 모든 성격 테스트가 내게 이렇게 소리친다. "당신은 새로운 경험을 즐기는 사람입니다." 하지만 내 둥지는 그와는 정반대인 원칙으로 가득 차 있었고, 그 원칙을 품고 사는 기간이 길어질수록 그것들은 몸집을 더욱 키워갔다.

이처럼 특이한 비밀 원칙을 마음에 품고 사는 사람이 나 혼자만은 아닐 것이다. 나와 전투기 조종사 사이에도 공통점이 있다는 사실을 보여주는 한 사례가 있다.

제프는 미국 최고의 전투기 조종사들을 양성해내는 비행 강사다. 그의 말에 따르면, 비교적 젊은 조종사들은 비행 전에 매번 점검해야 하는 100개의 체크리스트를 서둘러 넘기려는 경향이 있다고 한다. "파일럿들은 자신의 전문성을 과시하기 위해 서두르죠. 그들은 심지어 열심히 노력하는 것처럼 보일까 봐 두려워하는데, 노력하는 모습이 전문가답지도 않고 자연스럽지도 않다고 생각하기 때문입니다."

내 인생에 몰래 숨어든 또 다른 원칙은 "성공은 죄악이다"라는 것이다.

내 아버지는 교회의 목사다. 그래서 어려서부터 돈과는 거리가 먼 삶을 살아왔다. 아버지께서는 누군가 자신에게 고급 승용차를 준다면 그 차를 당장 돌려보낼 것이라는 말을 내게 수차례 하셨다. 자동차는 그저 금속과 플라스틱을 녹여 만든 물건에 불과하다고 생각하셨기 때문이다. 돌아보면 그렇게 가난하게 살지는 않았지만, 내게 성공을 한다는 건 어떤 면에서든 죄를 저지르는 것이라는 편견이 분명히 자리하고 있었다.

아마 부와 성공에 대해 즉흥적으로 하신 그 말씀들을 아버지는 기억도 못하고 계실 것이다. 하지만 그 의미 없어 보이는 말들이 뻐꾸기로 둔갑하는 일은 놀라울 정도로 쉬운데, 정신과 의사들은 이를 '제한적 신념Limited Belief'이라고 부른다. 성공은 죄악이라는 믿음을 마음에 새긴 지 30년이 지난 어느 날, 나는 그 제한된 신념을 또다시 딸에게 전수하고 있는 나 자신을 발견했다.

마이크 포즈너Mike Posner는 「Cooler than Me」라는 곡을 크게 히트시킨 가수다. 그는 자신이 대학생일 때 작곡한 이 곡이 나중에 어마어마한 인기를 누리는 걸 보고 깜짝 놀랐다. 상승세가 꾸준히 이어지지는 않았는데, 마이크 포즈너는 그 곡이 자신의 유일한 히트곡이라고 6년 뒤 새로 발표한 노래 「I Took a Pill in Ibiza」에서 이렇게 묘사했다.

나는 일생일대의 행운을 이미 소진한 가수일 뿐이야.
난 과거를 사는 사람들과 어울리지.
내 이름이 이미 잊힌 오래된 팝송을 떠올리게 하거든.

이 신나고 중독성 강한 팝송의 가사는 대중음악계의 한 단면을 적나라하게 보여준다. 언젠가 딸아이에게 이 노래에 얽힌 이야기를 들려준 적이 있었는데, 우리가 다시 차를 타고 어딘가로 이동 중이던 그날까지도 나는 내가 그런 이야기를 했다는 사실을 까맣게 잊고 있었다.

그 노래가 차 안 스피커에서 흘러나오자 딸은 자신의 친구에게 "이 노래는 히트송으로 성공을 거둔 지 얼마 되지 않아 그 명성 때문에 인생을 망친 남자에 대한 이야기래"라고 말하는 것을 들었다. 아이가 사용한 단어는 '명성'이었지만, 그 순간 내게 뻐꾸기 울음소리가 들리기 시작했다.

'성공이 너를 파괴할 거야. 성공은 위험해. 성공은 네가 피해야만 하는 악이야.'

나는 딸아이에게 그런 말을 한 적이 없다. 아버지도 내게 그런 말씀을 하신 적이 없다. 그런데 별다른 노력을 기울이지 않아도 뻐꾸기는 당신이 상상도 못한 힘을 키우며 자라난다.

그런 뻐꾸기의 거짓말 때문에, 나는 지난 8년을 조금 힘들게 보냈다. 나에게만 해당되는 이야기는 아니라고 믿겠다. 갑자기 얻은 성공에 대한 두려움으로 힘든 시기를 보내는 사람들을 많이 보았기 때문이다. 더 큰 성공을 거둘수록 그들의 죄책감은 함께 커진다.

함께 저녁 식사를 하던 친구가 내게 이런 말을 한 적이 있다. "그 보험회사 대표이사는 연봉이 2000만 달러래. 그 연봉을 받고 어떻게 부담감을 견디지? 밤에 잠이나 편히 잘 수 있을까?"

나는 "아마 헝가리산 거위 털 이불을 덮고 침대에서 편안하게 자지 않을까?"라고 말하고 싶었다. 친구는 성공이 나쁜 것이라고 생각하고 있었고, 소득이 특정 수준을 훨씬 웃돌면 그에 따른 책임과 부담감으로 더 이상 밤잠을 편히 자지 못하고 그다지 행복하지 않을 것이라고 믿었다. 그게 대체 무슨 기준이란 말인가? 그럼 500만 달러를 버는 사람은 밤에는 편히 잘 수 있지만 일요일 오후엔 죄책감으로 낮잠을 편히 잘 수 없다는 뜻인가?

뻐꾸기는 결국 양날의 검이다. 실패하면 속이 쓰리다. 실패는 전혀 재미있지 않으니까. 승리하면 속임수처럼 느껴지는 방법을 사용해 성공했다는 수치심에 또 속이 쓰리다. 전형적인 '모두가 지는 게임'이 연출되고 만다.

어떤 결과가 나오든 당신이 불행해진다면, 그건 자신의 뻐꾸기를 대하는 당신의 태도를 반증한다. 롭은 들고 다니기 불편한 여행 가방을 메고 다니며 허리와 어깨에 통증을 얻었는데, 바퀴가 달린 여행 가방으로 바꾼 뒤에는 패배자가 된 기분을 얻었다. 뻐꾸기와의 대결에 중간지대는 없었다.

내가 당신에게 수백만 개의 전략과 묘수를 전수한다 해도, 그것들을 기생 동물로 가득한 둥지에 가져간다면 모두 다 무용지물이 될 것이다. 이렇게 뻐꾸기 알처럼 둥지에 숨어 우리의 목표 달성을 어렵게 만드는 '비밀 원칙들'을 없애기 위해서는 다음 세 가지를 해야 한다.

하나, 비밀 원칙을 인지한다.

둘, 비밀 원칙을 파괴한다.

셋, 비밀 원칙을 다른 것으로 대체한다.

먼저 당신이 가진 비밀 원칙이 무엇인지 파악하는 첫 번째 단계부터 시작해보자.

비밀 원칙을 알아내기 위한 네 가지 질문

비밀 원칙의 문제점은 그것들이 '비밀'이라는 것이다. 대체로 깊은 곳에 묻힌 채 그릇된 믿음의 지배하에 수년간 비밀스럽게 보관된다. 그래서 자신이 비밀 원칙을 따르고 있는지를 스스로도 인지하지 못하는 것이다.

최악의 남자와 9년째 만나고 있는 당신의 친구도 마찬가지다. 그녀는 '더 나은 남자를 만날 자격이 없다'는 비밀 원칙을 추종한다. 현재 다니는 직장을 싫어하면서도 자신은 다른 일을 할 자격을 갖추지 못했다고 생각하는 가족이 있는가? 그의 비밀 원칙은 그에게 이렇게 속삭인다. "취직을 하려면 운이 좋아야 할 거야."

이것을 짐, 제한적 신념, 비밀 규칙, 사악한 뻐꾸기 등 무엇이라고 부르든 상관없다. 중요한 것은 결과다. 당신이 결승선을 1미터 앞두고 있을 때마다 번번이 당신의 비밀 원칙이 발을 걸어 당신을 넘어뜨린다면, 내가 수천 가지 목표 달성 전략을 가르쳐준다 한들 과연 소용이 있을까?

당신의 인생에 감쪽같이 숨어 있는 비밀 원칙들을 찾아내고 싶다면 다음 네 가지 질문을 스스로에게 던져보자.

1. 내가 _____을 좋아하긴 하던가?

완벽주의가 가장 좋아하는 비밀 원칙 중 하나는 "목표라는 건 반드시 당신을 절망하게 할 정도로 어려워야 한다"는 것이다. 이 규칙은 다이어트를 위해 줌바 댄스를 추고 싶지만 결국 조깅을 선택하고 마는 우리 모두를 움직이는 규칙이다.

그런데 이 규칙이 운동에만 적용되는 것이 아니라 직업 선택에도 영향을 준다. 기상캐스터가 되는 건 쉬운 일이 아니다. 변덕스러운 날씨 예측과 데이터 분석이라는 업무가 어렵기도 하지만, 그에 앞서 채용 기회 자체가 많지 않다. 어느 도시를 가든 방송국 기상캐스터는 12명이 채 안 된다. 게다가 특정한 TV 방송국에서 사랑받는 기상캐스터는 수십 년 동안 그 자리를 꿰차고 있기 때문에 그 기회가 다른 사람에게 돌아갈 일은 거의 없다.

찰리는 내슈빌에서 기상캐스터로 일하며 인기를 얻은 것이 얼마나 운이 좋은 일이었는지 잘 알고 있었다. 그는 시청자들에게 일기 예보를 전달하는 일을 정말 좋아했는데, 시간이 지날수록 자신이 그 외의 다양한 잡무를 싫어하고 있다는 사실을 점차 깨닫게 되었다. 주말마다 근무를 하다 보니 아들의 풋볼 경기를 놓쳤고, 그 사실은 찰리를 힘들게 했다. 밤늦은 시간과 이른 아침에 일기 예보 데스크를 지켜야 했기 때문에 아내와 대화할 시간도 충분하지 않았다.

이때 찰리는 "내가 기상캐스터라는 직업 자체를 좋아하긴 했던가?"라는 질문을 끊임없이 자신에게 던졌다. 질문이 거듭될수록 그의 마음에는 "아니"라는 분명한 답이 떠올랐고, 곧바로 일을 그만두고 방송국을 떠났다. 동료들과 팬들의 충격이 이만저만이 아니었다.

그러나 이제 부동산 중개사로 변신한 그는 가족과 많은 시간을 보내며 행복한 나날을 보내고 있다. 그리고 찰리는 새로 찾은 일을 아주 잘 해내고 있다. 그걸 어떻게 아냐고? 내가 살던 집을 며칠 만에 팔아준 사람이 바로 찰리였기 때문이다.

당신이 지금 하고 있는 일을 더 이상 좋아하지 않게 되었다면, 주저하지 말고 스스로에게 솔직해지자. 완벽주의에게 발목 잡힌 채 주저앉아 있어선 안 된다.

2. 나의 진짜 목표가 뭐지?

완벽주의는 우리를 방해하는 것을 즐긴다. 그런 면에서 가짜 비밀 원칙을 사용해 당신이 자신의 진짜 목표가 무엇인지 혼란을 느끼게 하는 것은 완벽한 방해 작전이다.

이 책을 쓰기 위해 사례를 연구하는 과정에서 깨달은 한 가지 사실은, 특히 체중 감량에 관한 목표에서 비밀 원칙이 더 강력하게 작용한다는 것이었다. 한 여성이 내게 이렇게 말했다. "제가 집착하던 숫자가 있는데, 그 숫자 때문에 미칠 지경이었죠." 그녀의 비밀 원칙은 '특정 체중을 유지하지 못하면 건강 관리는 실패한 것이다'였고, 이 원칙은 아주 오랫동안 그녀를 괴롭혔다. 결국 지쳐버린 그녀는 그 숫자를 포기하고 자신이 진정으로 원하는 게 무엇인지를 찾아내려고 노력했다.

그녀가 원한 건 숫자 그 자체가 아니었다. "난 건강해지고 싶었어요. 당뇨나 심장질환 외에도 어머니가 약을 드시는 원인이 된 다른 모든 질병을 예방하고 싶었어요. 그에 대한 집착이 점점 심해져 이 상황을 더 이상 감당할 수 없게 되자, 오히려 그제야 내 건강 상태를 정확하게 파악하게 되었죠. 그래서 나는 스스로 내 몸에 입힌 손상을 회복시킬 방법을 연구하게 되었습니다." 문제의 본질을 파악하려는 노력 덕분에 그녀는 원하던 결과를 마침내 얻게 되었다. 그리고 그녀가 가진 나쁜 습관들을 개선하려고 노력하자 체중은 자연스럽게 줄었다.

지금 목표를 좇는 일이 전혀 기쁘지 않다면, 스스로에게 이렇게 물어보자. "나의 진짜 목표가 뭐지?" 당신이 좇고 있는 것이 실제로 당신이 원하는 것이라는 확신을 가질 수 있어야 한다. 목표를 향해 나아가는 동안에도 끊임없이 이 질문으로 돌아와야 하는데, 그건 당신의 의도와는 상관없이 당신의 목표가 자칫하면 궤도를 벗어나게 되기 때문이다.

크리스티는 자신의 목표가 비즈니스 형태를 갖춘 순간 느낀 감정을 이야기함으로써 목표를 좇는 과정 중에 생길 수 있는 상황을 간

결하게 설명한다.

"난 뭔가를 만드는 걸 좋아해요. 그래서 수공예품을 만들어 파는 가게를 열었는데, 가게는 정말 잘됐죠. 그런데 그때부터 작업이 싫어졌어요. 고심 끝에 가게를 정리했고, 지금은 다시 제 일을 좋아하게 되었습니다."

크리스티의 비밀 원칙은 '만든 물건은 반드시 다 팔아야 한다'는 것이었다. 만드는 것 자체로는 충분하지 않았다. 이 사례의 놀라운 점은 그녀가 목표 달성에 실패하지 않았다는 것이다. 그녀의 가게는 그냥 잘된 정도가 아니라 '아주 잘' 됐다. 그럼에도 그녀의 앞을 가로막은 건 다름 아닌 '성공'에 관한 두려움이었다. 당신이 절망의 구덩이에 빠졌든 혹은 성공을 거두었든, 당신의 진짜 목표를 놓쳐서는 안 된다.

이 접근법이 재미있는 이유는 당신이 진짜 목표를 깨닫는 순간 목표까지 가는 다양한 길이 열린다는 사실이다. 어떤 것을 원칙으로 정한 이상 어떤 변수가 생겨도 반드시 그 원칙만은 고수해야 한다는 좁디좁은 시야에서 벗어나, 당신이 '진짜 원하는 것'에 집중해 자유롭게 목표를 세워보자. 그러면 그 목표를 달성할 수 있는 1000가지 길이 열린다.

3. 목표 달성을 위해 선택한 방법이 나에게 맞는 방법인가?

또 하나의 흔한 비밀 원칙으로는 "선천적으로 타고난 것은 인정하지 않기"가 있다. 어떤 것을 쉽게 혹은 편리하게 얻었다면, 그렇게 얻은 것은 좋은 것일 리가 없다는 일종의 선입견이다. 완벽주의가 이 규칙을 제시하는 이유는 뭘까? 자연스럽게 얻어진 것이 속임수의 범주에 해당한다면, 당신은 도중에 그만둘 만큼 어려운 목표를 좇아야만 하는 운명이 되기 때문이다. 그런데 이건 마치 물고기에게 헤엄치지 않고 1해리를 이동하라고 요구하는 것과 같다.

이 책의 도입부에서 나는 '90일 홈트레이닝 코스' 중 겨우 6일분의 운동만 마쳤다고 고백한 바 있다. 당신은 내가 이 책을 통해 소개한 각종 지름길들을 활용해 아마 나머지 84일분의 운동을 마쳤으리라 생각할지도 모르겠다. 이 원칙들이 분명 더 많은 일을 해낼 수 있도록 도와준 건 맞지만, 솔직히 말해서 내가 그 프로그램을 끝낼 일은 없을 것이다.

이는 내가 게을러서가 아니라, 나는 여러 사람과 함께 하는 활동을 좋아하기 때문이다. 나는 그룹 운동을 선호하고, 모임의 일원으로서 느끼는 책임감을 좋아한다. 팀원들도 나처럼 이른 아침에 일어난다는 것을 아는 데서 느끼는 동지애를 즐긴다. 그만두고 싶어질 때 옆에서 응원의 말을 건네주는 전문가가 세운 계획대로 운동하는 것이 좋다. 친구들과 함께 운동하며 느끼는 친근한 경쟁 심리를 사랑한다. 90일짜리 운동 코스를 끝내지 못했다는 이유로 나 자신이 운동 면에서 실패자라고 생각했지만, 사실은 그저 내게 맞지 않는 방법을 택한 것뿐이었다.

목표를 좇는 일이 즐겁지 않다면, 당신의 강점을 자극할 수 있는 방법을 활용해야 한다. 올바른 목표를 잘못된 방식으로 추구하다 보면, 결과적으로 잘못된 결과에 이르게 되는 것이다.

4. 지금이 포기할 때일까?

"승자는 포기를 모른다!" 포스터에 쓸 법한 문구 같아 보인다. 하지만 이는 실제로 거짓말일 뿐만 아니라 위험하기 짝이 없는 비밀 원칙이다.

도전만 하면 뭐든 다 해낼 수 있을 것처럼 우리의 목표 의식과 의지를 강렬하게 자극하는 동기부여 문구와는 달리, 현실에는 '시도해보기 전까지는 알 수 없는 것'도 존재한다. 한 달 혹은 두 달쯤 달려봐야 당신이 달리기를 좋아하는 사람인지 알 수 있다. 한동안 소설을 쓰는 데 몰두를 해봐야 글쓰기가 재미있는지 아닌지 확실히 얘기할 수 있을 것이다. 동네에 약재상을 개업하는 데 무엇이 필요한지 알기 위해서는 실제로 사업 계획을 세워봐야 한다.

그다음 단계는, 당신이 그 일을 진정 즐길 수 있는지 파악하는 것이다. 어떤 목표를 정했든, 목표를 좇는 과정은 어렵고 불편하기 마련이다. 그렇다면 당신이 겪고 있는 그 경험이 잘못된 목표를 선택했기 때문에 나타나는 불편함인지, 아니면 목표 달성 과정에서 흔히 발생하는 절망감인지를 어떻게 구분할 수 있을까?

로라는 로스쿨 재학 중에 그 질문을 맞닥뜨렸다. 그녀의 꿈은 변호사가 되는 것이었는데 거기엔 숭고한 이유가 있었다. 로라의 할머니와 이모, 그리고 사촌 셋은 50세가 되기도 전에 사망했는데, 가까운 가족들을 일찍 떠나보낸 로라는 로비스트가 되어 암 관련 법안의 발의를 돕거나 지원하는 일을 하고 싶었던 것이다.

"내가 이 일을 해내지 못하면 우리 가족을 실망시키게 될 거라고 생각했어요." 로스쿨 3학기를 마친 후에 로라는 이렇게 말했다. "하지만 사실 로스쿨에서 보낸 모든 순간이 나는 끔찍이도 싫었어요. 내가 스스로 정한 꿈에 지나치게 얽매이는 바람에 나 자신은 물론이고 주변 사람들까지도 괴로워졌죠."

진로를 결정하는 문제는 종종 가족들의 기대감과 얽히며 극심한 압박감을 주는 일생일대의 중대한 목표다. 로라는 결국 로스쿨을 그만두었고 10년이 지난 지금, 그 결정을 내린 것에 아주 만족하고 있다.

완벽주의가 가장 좋아하는 비밀 원칙 중 하나가 "승자는 포기를 모른다"임을 앞서 이야기했다. 그러나 승자들도 포기를 한다. 사람들은 다행히 바보 같은 짓들을 알아서 정기적으로 그만둔다. 바로 그때 당신이 잘 알고 신뢰하는 사람들로부터 현명한 조언을 얻는 것이 중요하다. 우리는 때때로 스스로 만든 비밀 원칙에 지나치게 얽매이는 나머지 '그만두는 것이 최선일 수도 있다는 생각' 자체를 불편해 한다. 하지만 당신이 싫어하는 목표를 달성하는 것은 결코 승리가 아님을 기억하자.

잠시 짬을 내어 위의 네 가지 질문에 솔직하게 대답해보자. 지난 날 당신은 창작예술 전공은 돈이 되지 않는 분야라는 아버지의 말씀을 믿었는가? 전 남자친구가 당신의 외모에 대해 생각 없이 내뱉은 말을 비밀 원칙으로 삼아 여전히 거울을 볼 때마다 그 말을 떠올리고 있는가? 혹은 혼자서 해내지 않으면 그 작업은 의미가 없다는 아주 흔한 비밀 원칙에 집착하고 있는가?

이 책이 제시하는 훈련법 중에서도 특히 이 방법은 결코 따르기 쉽지 않다. 비밀 원칙은 수년 동안 우리의 삶 속 깊이 배어들어 습관으로 굳어져 있기 때문이다. 그러나 위 질문의 답을 찾으려는 고민은 당신을 비밀 원칙에 얽매였던 과거에서 자연스럽고 자유로운 삶으로 분명 안내할 것이다.

'타인의 학위 빌리기' 전략

앞서 언급했듯이 완벽주의의 제1목표는 당신을 고립시키는 것이다. 당신에게 진실을 이야기해주거나, 당신이 세운 원칙 밖으로 나올 것을 격려하는 공동체가 곁에 없을 때, 당신은 완벽주의의 말에 속아 넘어가거나 비밀 원칙을 추종하기가 쉽다.

당신을 무리에서 떼어놓기 위한 완벽주의의 아주 유명한 비밀 원칙을 알아볼까? "그건 혼자서 해내야 의미가 있어"다.

이번 비밀 원칙은 언제나 유아기의 아이들을 떠올리게 한다. 그 시기의 아이들은 당신의 손에 의지해서 계단을 내려오느니 차라리 계단에서 구르려고 든다. 모든 것을 '언니(누나)/형(오빠)인 내가!' 스스로 하고 싶어 하기 때문이다.

'누군가의 도움을 구하는 건 당신이 나약하다는 증거'라는 거짓말을 믿고 타인의 도움을 거부할 때, 우리는 어른 아이가 된다. 우리는 자신이 잘 모르는 부분에 대해 인정하고 타인에게 질문을 하거나 도움을 요청하는 일을 어려워하는 경향이 있다. 여기서 반드시 기억할 것은 당신이 도움을 요청하고 조언을 구할 누군가는 우리의 걱정보다 훨씬 쉽게 손을 내밀어준다는 사실이다. 지금 필요한 정보가 당신에게 없다면, 당신이 아는 누군가는 그 정보를 가지고 있다. 그리고 그들은 당신이 올바른 길에 대해 물었을 때 기꺼이 자신이 가진 지식을 당신과 나눌 것이다.

나는 이러한 행위를 '타인의 학위 빌리기'라고 부르는데, 이 전략이 사실 새로운 기술은 아니다. 배우 윌 스미스^{Will Smith}는 수십 년 전에 이 방법을 활용했는데, 아마 미국 국세청 덕분에 값진 경험을 한 데에 감사 인사를 하고 싶을 것이다.

윌 스미스가 열아홉 살 때 국세청은 그에게 280만 달러를 청구했다. 전화로 통지를 했는지, 편지였는지, 혹은 어느 TV쇼에서 시청자들에게 선물을 주듯 커다란 카드보드지에 수표를 인쇄해 풍선과 함께 전달되었는지 모르지만, 어쨌든 그날은 당시 십대였던 월 스미스에게 꽤나 충격을 안겨주었을 것이다.

국세청이 요구한 건 기부금이 아니라 체납한 세금이었다. 월 스미스는 유복한 어린 시절을 보내지는 못했다. 이혼한 그의 부모님은 중산층이었는데, 아버지는 냉장고 회사를 운영하느라 일주일 내내 일했고 어머니는 학교 위원회에서 근무했다. 체납 청구서를 받으면 대부분 사람들은 속수무책으로 낙심하며 무너져버렸지만, 월 스미스는 그런 와중에도 새로운 정보를 모으기 시작했다.

그로부터 2년 후, 월 스미스가 연기에 도전하기 위해 태어나고 자란 동부 웨스트 필라델피아에서 서부 로스앤젤레스로 떠날 준비를 마쳤을 때, 그의 매니저가 그에게 연락했다. "윌, 로스앤젤레스로 갈 거면 그 전에 목표를 분명히 정해야 할 거야." 래퍼에서 연기자로의 직종 전환은 우연히 일어나는 일이 아니었다. "난 세계에서 가장 인기 있는 영화배우가 되고 싶어요." 월 스미스가 대답했다.

그의 말은 그 자체로는 특별할 것이 전혀 없는 문장이다. 매주 중서부에서 할리우드로 향하는 버스를 타는 1000여 명의 사람들도 그와 같은 말을 한다. 영화계에서 아무 경력이 없던 월 스미스 본인도 역시 그의 계획이 실현될 것이라는 확신은 거의 하지 못했다. 당시 그는 스물한 살이었고, 그가 래퍼로 활동할 때 가장 히트시킨 곡은 「엄마 아빠는 이해 못해」라는 제목의 13세 이상 청취 등급의 랩이었다.

'슈퍼스타'라는 꿈을 가진 월 스미스를 비슷한 꿈을 꾸던 다른 사람들과 구분 지은 건 단지 목표 그 자체만은 아니었다. 목표를 정한 뒤에 일어난 일, 바로 그것이 연기 경력이 전무한 윌 스미스가 세계적인 배우로 날아오른 첫 발판이 되었다.

그의 매니저는 얼마간 연구를 거친 뒤, '역사상 가장 중요한 영화 10편'을 목록으로 만들어 가지고 왔다. "그 목록을 보고 우린 이렇게 말했죠. '좋아. 이 영화들 사이의 패턴을 찾아보자.' 우리는 그 10편 모두에 특수 효과가 사용되었다는 사실을 깨달았습니다. 그중 9편에는 괴생명체가 등장했고, 8편에는 괴생명체와의 러브 스토리가 포함되었죠."

그것을 알아낸 정도로 성공했다니, 가당치 않다. 모두가 다 알고 있는 중요한 영화 10편 목록만 가지고 '세상에서 가장 변화무쌍한 영화 업계에서 25년간 살아남기' 계획을 세울 수는 없다. 그보다 더 어려워야 하는 것 아닌가?

윌 스미스의 영화 중 가장 흥행한 영화 6편의 목록을 보기 전까지 보통은 그렇게 생각한다.

1 「인디펜던스 데이」 · 특수 효과, 괴생명체, 러브 스토리. 전 세계 8170만 달러 매출.

2 「수어사이드 스쿼드」 · 특수 효과, 괴생명체, 러브 스토리. 전 세계 7460만 달러 매출.

3 「핸콕」 · 특수 효과. 전 세계 시장에서 6240만 달러 매출

4 「맨 인 블랙 3」 • 특수 효과, 괴생명체, 러브 스토리. 전 세계 6240
만 달러 매출.

5 「맨 인 블랙」 • 특수 효과, 괴생명체, 러브 스토리. 전 세계 5890만
달러 매출.

6 「나는 전설이다」 • 특수 효과, 괴생명체. (개와의 사랑도 러브 스토리로 친
다면 러브 스토리 포함.) 전 세계 5850만 달러 매출.

월 스미스가 다른 누군가의 경험을 활용하는 것의 효과를 믿은 이
유가 뭐냐고? 그 이유는 40억 개도 넘는다.

하지만 이 방법이 성공을 보장하느냐고? 물론 아니다. 「와일드 와
일드 웨스트」는 폭삭 망한 영화였다. 그러나 목표라는 것은, 매번 승
리하는 것이 아니라 실패보다 승리의 횟수를 높이는 데에서 의미를
찾는 것이다. 우리가 완벽함을 목표로 한 것은 아니니까 말이다.

당신이 할 일은, 어제보다 더 많은 승리를 거두는 것 그리고 내일은
오늘보다 더 많은 승리를 거두는 것이다. 출연한 24편의 영화 중 6편
으로 40억 달러 이상을 벌어들일 수 있다면, 일부 망하는 영화가 나올
지라도 당신은 오랜 기간 동안 더 많은 영화를 찍으려고 할 것이다.

혼자서 해야 한다고 당신을 몰아붙이는 비밀 원칙을 받아들이지
말자. 완벽주의가 당신을 고립시키도록 내버려두어서는 안 된다.

훌륭한 경험을 한 사람을 찾아서 그의 비법을 배우고 기꺼이 활용
하자.

'아는 것'은 절반의 승리일 뿐

비밀 원칙을 파악하는 일은 앞으로 나눌 대화의 좋은 시작점이 될 수 있지만, 그것이 결론이 될 수는 없다.

비밀 원칙을 인지했다면 무엇을 해야 할까? 그다음에 취해야 할 최선의 조치는 무엇일까?

바로 그 원칙들을 부숴버리는 것이다.

첫 번째로 할 일은 아주 간단하다. 비밀 원칙을 찾아낼 때마다 "그게 무슨 뜻일까?"라는 질문을 던지는 것이다.

예를 들어 '성공은 나쁜 것'이라는 비밀 원칙을 적었다면, 그 아래에는 '그게 무슨 뜻일까?'라고 적어보는 것이다.

그리고 그 질문에 스스로 답을 해보자.

"성공은 나쁘다. 그렇다면 실패가 좋은 것이라는 뜻이겠지. 실패하는 것이 최선이다. 승리는 끔찍한 것이고 내가 잘하고 있다는 것을 깨닫는 유일한 방법은 실패하는 것이다. 돈을 잃고, 살을 찌우고, 자동차 사고를 낸다면 아주 근사한 한 해를 보낼 수 있겠구나."

아주 바보 같은 문장이지만, 그게 당신이 목표로 삼은 일이다. 몰래 숨어서 당신을 골탕 먹이는 가짜 원칙의 허황된 실체가 보이는가.

완벽주의는 우리가 완벽주의의 허점을 공격하는 질문을 던지지 않는 이상 득세할 수밖에 없다. 잘 짜인 질문은 우리가 깨부숴야 할 댐에서 쏟아져 나올 물이다. 잘 짜인 질문을 하는 건, 지금까지 우리가 붙들고 살아온 그 불가능한 기준을 직시하고 깨부수는 일과 같다. '오즈의 마법사'의 장막을 걷어내는 것과도 일맥상통한다. 뿌연 연기와 천둥소리, 그리고 연출을 더하면, 실제로 거구의 지휘관이 전군에게 작전을 진두지휘하는 것 같은 착각을 일으킬 수 있다. 하지만 질문 몇 개만 던져보면 이내 나약하고 겁먹은 노인이 쇼를 이끌고 있었다는 사실을 알게 된다.

두 번째 해야 할 질문은 "누가 그래?"다. 이 질문이 얼마나 많은 뻐꾸기를 매섭게 손봐줄 수 있는지 알고 나면 놀랄 것이다. 대체로 이 질문에 대한 답은 '아무도 그런 말한 적 없어'다. 그 누구도 당신이 생각하고 있는 것처럼 그 일이 어려워야 한다고 말한 적 없다. 하지만 뻐꾸기의 말을 믿는 순간, 우리는 그게 어느 권위 있는 사람의 말이라도 되는 듯 따른다.

'누가 그래?'의 기원은 더 멀리 거슬러 올라가기도 한다. 완벽주의가 종종 팀 스포츠를 통해 완성될 때가 있기 때문이다. 성공한 사람들은 종종 자신이 그토록 열심히 일한 이유가 사실은 아버지에게 인정받고 싶어서였다고 종종 고백해온다. 대부분의 경우 그들의 아버지는 이미 수년 전에 돌아가셨다. 그들은 유령과 언쟁을 벌이는 셈이다. 잠깐만 멈춰 서서 '누가 그래?'라고 한 번만이라도 물었더라면 자신의 노력을 절대 알아줄 수 없는 사람을 위해 스스로를 몰아붙이는 것이 전혀 소용없는 일이라는 사실을 깨달았을 텐데 말이다.

인생 곳곳에 숨어든 '비밀 원칙들'

내 친구는 어머니의 말씀 때문에 결혼 생활에 어려움을 겪었다. 어머니는 딸에게 '중요한 것은 너의 독립성을 유지하는 것뿐'이라고 말했다. 그녀의 어머니는 이혼으로 모든 것을 잃었고, 그래서 딸에게 '절대로 상처 받을 정도로 약해져서는 안 된다'는 비밀 원칙을 대물림해준 것이다. 내 친구는 누구보다 남편을 사랑했다. 하지만 자신이 남몰래 그어둔 선이 '남편에게 지나치게 많이 베풀고 있다'고 경고하면, 어떻게든 그 선을 넘지 않는 사랑만을 하려고 애썼다.

그녀는 '누가 그래?'라는 질문을 스스로에게 던지고 나서야 비로소 자신이 어머니가 물려준 두려움을 바탕으로 인생을 살아가고 있음을 깨달았다.

비밀 원칙을 제거하기 위한 세 번째 단계는 비밀 원칙을 대체할 새로운 원칙을 적어보는 일이다.

나는 '성공은 좋은 것'을 새로운 원칙으로 정했다.

'좋은 몸매를 갖게 돼도 여전히 겸손할 수 있어'가 우리의 원칙이 될 수 있을까? 웃기는 원칙처럼 들릴지 모르나 잉그리드는 이 기준을 세우기 전까지 힘든 시간을 보냈다. "나는 절대로 신체와 관련된 목표를 세우지 않았는데, 그건 '마른 것과 거만한 것은 같다'고 생각했기 때문이죠. 조금 통통한 몸매를 가지는 게 '더 겸손한 것'이라고 생각했어요."라고 말했다.

그녀도 그 생각이 얼마나 비정상적인지 아주 잘 알고 있다. 빅맥 버거를 앞에 두고 앉아 스스로에게 '나는 참 겸손해. 이게 바로 가장 겸손한 사람들을 위한 비밀 소스지. 부드럽고 짭조름한 마요네즈가 듬뿍 들어간 렌치 소스는 모든 샐러드드레싱 중에서 가장 오만하지 않은 소스야'라고 속삭이는 당신을 상상해볼 수 있겠는가?

자신도 모르는 사이에 따르고 있거나, 알면서도 쉽게 내려놓지 못하는 당신만의 원칙이 있는가? 그 비밀 원칙을 하나씩 적어보자. 그리고 '그게 무슨 뜻이지?'라는 질문에 답해보자. 그런 다음, 당신의 새로운 원칙을 적어보자. 당연히 그것은 현실에 기초한 건강하고, 융통성 있고, 합리적인 원칙이어야 한다.

'머리'는 모르는 '마음'의 꿍꿍이가 있다

내가 그동안 읽은 목표 달성에 관련한 책이 실제로 내가 지금까지 달성한 목표의 수보다 더 많다.

목표 달성을 이야기하는 그 많은 책들의 문제는 목표를 달성하기 위해 당신이 '머리'로 해야 하는 일만을 다룬다는 점이다. 당신이 활용해야 할 기술에 대해서만 이야기하며, 당신을 모든 목표에 효율적이고 실용적인 태도로 임하는, 마치 감정 없는 로봇인 것처럼 대한다.

그런 부류의 책은 당신의 뇌는 한 번도 의식적으로 인지해본 적 없는, 마음속에 품고 있는 비밀 원칙 따위는 고려하지 않는다. 또한 당신이 '좋은 몸매를 갖는 건 천박한 짓이야'라고 확신한다는 사실을 고려하지 않는다.

그건 정말 말도 안 되는 원칙이다. 하지만 우리의 마음은 과거의 경험을 근거로 스스로에게 상처를 주는 판단을 그대로 수용하곤 한다.

롭 오네일은 바이어컴이라는 글로벌 미디어 그룹에서 수천만 달러의 자산을 관리하지만, 자신에게 편리한 여행 가방을 허락해도 된다고는 생각하지 못했다.

이것 역시 정말 말도 안 되는 원칙이다. 하지만 우리의 마음은 완벽주의에게 속아 넘어가 스스로의 삶을 어렵게 만들곤 한다.

지난 수년 동안 아이들은 내게 그림책을 한 권 써줄 것을 부탁했다. 하지만 나는 삽화도 제대로 그릴 줄 모르는 사람이 그림책을 쓸 수는 없다고 생각했다.

이것 역시 정말 말도 안 되는 원칙이다. 그럼에도 나는 일러스트레이터가 아니었기 때문에 결국 그림책을 쓰지 않았다. 우리의 마음은 완벽주의가 시키는 대로 사랑하는 사람들의 부탁을 거절하곤 한다.

'마음'이 정한 비밀 원칙을 '머리'가 잘 모르듯이, 완벽주의가 우리 안에 새겨 넣은 비밀 원칙을 우리가 인지하지 못할 때도 있다. 그렇다고 우리가 자신의 마음을 제대로 들여다보지 않는다면, 목표를 달성하지 못하게 된 원인을 게으름이나 잘못된 전략에서 찾게 될지 모른다. 하지만 실제로 실패의 원인은 목표 달성을 불가능하게 만드는 비밀 원칙이다.

'Cuckoo'라는 영어 단어가 '뻐꾸기'라는 뜻 이외에 '미친'이라는 뜻을 가진 게 우연일까? 아마 아닐 것이다. 이 각자의 해괴한 원칙과 기준들은 미친 소리처럼 들린다. 이 원칙들을 없애버리지 않는다면, 그것은 결국 당신을 미치게 만들 것임이 틀림없다.

당신의 둥지에 자리 잡은 뻐꾸기들이 당신의 마음을 다치게 하기 전에 당장 없애버리자. 비밀 원칙의 목소리를 무시할 때 목표 달성은 훨씬 더 쉬워진다. 게다가 지금부터 우리가 함께 수집할 것을 받아들일 마음의 여유까지 덤으로 얻게 될 것이다.

Action Plan

- ✔ 당신의 귓가에 늘 맴도는 비밀 원칙의 목소리를 찾아 종이에 적어보자. (한 번에 끝내기 어려울 수 있다. 머릿속 구글 검색기를 돌려 꽁꽁 숨어 있는 비밀 원칙을 찾아내야 할 수도 있다.)
- ✔ 각각의 비밀 원칙 옆에 진실을 적어보자. 진실을 찾아내려면 '그게 무슨 뜻이지?'와 '누가 그래?'라는 질문을 던져야 한다.
- ✔ 케케묵은 비밀 원칙을 대체할 새로운 원칙을 세우자.
- ✔ 비밀 원칙을 따라 행동하는 당신을 목격했을 때, 도움을 줄 수 있는 친구를 찾아보자.

7장

더 나은
성과를 위한
'데이터 활용법'

 어제의 경험으로부터 주어진 선물

데이터는 변덕을 부리는 법이 없다. 데이터는 그냥 데이터일 뿐이다. 이러한 데이터를 이용해 유리한 결정을 내리고 싶다면, 당신에게 유리한 수치들을 가져야 한다. 이때 당신이 첫 번째로 해야 할 일은 지나온 과정을 되짚어가며 데이터를 찾아나서는 것이다.

교회에서 일하는 내 친구에게 부활절이 일주일쯤 지났을 때 지난 행사는 어땠는지 물었다. 혹시 잘 모르는 사람들을 위해 설명을 하자면, 교회의 부활절은 미식축구 팬들이 열광하는 챔피언 결정전인 슈퍼볼과 같다.

　나는 그의 대답을 듣고 놀라지 않을 수 없었다.

　"좋았어. 음악도 훌륭했고, 사람들도 많이 왔거든. 동물을 몇 마리 잃은 것 빼고는 다 괜찮았지."

　"그게 무슨 뜻이야? 동물을 잃다니?" 내가 다시 묻자, 친구가 답했다. "동물이 몇 마리 죽었다는 말이야."

　내 친구의 교회는 부활절 행사를 위해 성경에 나온 그대로 동물 체험 농장을 재현하기로 결정했다. 교회 자원 봉사자들은 참석자들에게 빈자리를 안내하는 일은 곧잘 해냈지만, 안타깝게도 임시 동물 농장을 운영하는 데는 영 소질이 없었다.

　첫 번째 희생양은 토끼였다. 세 살 난 아이가 상대의 등 뒤에서 끌어안고 매달리는 레슬링의 수플렉스 자세로 토끼를 껴안고 짚더미 위로 뛰어내렸는데, 토끼가 그만 아이와 바닥 사이에 깔리고 만 것이다. 토끼가 골격이 아주 작은 데다가 레슬링에는 젬병인 동물이라는 사실을 새삼 깨닫게 되었다.

부활절에 예수 곁으로 돌아간 두 번째 동물은 오리였다. 어린 아이가 오리의 목을 너무 세게 끌어안은 것이다. 이미 일이 벌어진 그 상황에서 그가 할 수 있는 일이 과연 무엇이었겠는가. 윤기 나는 얇은 천으로 덮인 오리를 부활절 아침의 기념품이라도 되는 듯 "여기 당신의 오리를 받으세요"라고 아이의 가족에게 건넬 것인가?

이 두 순간으로 인해 친구의 계획이 실패로 돌아갔다는 말을 굳이 그에게 할 필요는 없었다. 계획을 멋지게 완수하지 못했다는 사실은 그도 잘 알고 있었다. 실패의 우스운 점이 거기에 있다. 실패는 요란하다. 감시를 제대로 한다면 동물들을 잃지 않을 수도 있겠으나, 일단 일이 벌어지고 나면 실패했다는 사실을 아무리 모른 척하고 싶어도 분명히 알게 되는 것이다.

반면 성과는 아주 조용하게 찾아온다. 속삭임처럼 말이다. 완벽주의는 실패를 큰소리로 떠벌리고 성과는 드러나지 않게 감춘다.

완벽주의의 교묘함을 알아챌 무기

생활 습관, 성격, 혹은 개인적인 경험 등 자기 자신과 관련한 아주 적은 데이터만으로도 큰 변화를 만들어낼 수 있는 이유가 여기에 있다. 우리의 평범한 일상에서 발견한 데이터는 완벽주의의 주장을 꿰뚫어 볼 수 있게 하고, 당신의 성취를 인지할 수 있게 해준다.

데이터가 없다면 성과는 사실상 사라지고 만다. 문제는 내가 '촛불 효과'라고 부르는 현상이 발생한다는 점이다.

창문 하나 없는 칠흑같이 어두운 방 안에서 초에 불을 붙이면 효과는 극적일 수밖에 없다. 완전한 암흑 속에서 밝힌 빛은 거대한 성과다. 극명한 차이를 곧바로 느낄 수 있다. 두 번째 초에 불을 붙여도 역시 커다란 효과를 확인할 수 있지만 첫 번째 초만큼의 효과는 아니다. 세 번째 초 역시 여전히 인상적이긴 하지만 그전만큼은 아니다. 열다섯 번째 촛불은 방 안의 명도에 거의 아무런 영향도 줄 수 없게 된다. 이러한 감쇠 효과는 새 촛불의 영향력이 거의 느껴지지 않을 때까지 지속된다.

사람들이 목표를 추구하는 목적은 복합적인 이익을 취하기 위함이지, 취할 수 있는 이익이 점점 사라지는 것을 보는 게 아니다. 우리는 매번 성취를 거둘 때마다 성과가 개선되고 극적인 순간을 경험하길 원하지만, 실제로 그런 일은 잘 일어나지 않는다.

건강 관리를 위해 식단을 조절하기로 한 당신의 목표에도 이 효과는 적용된다. 당신이 일주일에 6일 동안 건강한 식단으로 식사를 하고 하루는 먹고 싶은 음식을 먹기로 했다고 가정해보자. 즉 하루에 3끼를 먹는다고 할 때, 매주 건강한 식사를 18끼 챙겨 먹어야 한다는 것을 의미한다. 첫 번째 끼니를 제대로 챙겨 먹으면 목표의 18분의 1을 달성한 것이다. 두 번째 식단을 끝내면 달성률은 9분의 1로, 세 번째 식사는 6분의 1로 높아지게 된다. 눈에 띄는 성과가 아닌가!

하지만 달성률이 높아질수록 당신이 얻는 성과의 극적 효과는 줄어들게 된다. 13번째 끼니나 14번째 끼니를 완료했을 때는 수치가 크게 달라지지 않는다. 큰 한 방은 사라진 것이다.

완벽주의는 이렇게 줄어드는 성공 수치를, 일이 잘못 되어가고 있다는 증거로 삼는다. 기억하자. 당신이 목표를 절반쯤 달성했을 때, 완벽주의는 갑자기 불쑥 끼어들어 결과가 불만족스러울 것이고 그러므로 지금이라도 당장 그만두어야 한다고 설득하려 들 것이다. 꽁꽁 얼어붙어 요지부동인 성장세를 꼬집는 것만큼 의욕을 꺾기 좋은 방법이 있을까?

데이터를 조금이나마 확보해두라고 권하는 이유가 뭐냐고? 당신의 길목을 가로막고 선 완벽주의 앞에, 사실이 적힌 종이를 한 장 꺼내놓기 위해서다.

완벽주의는 데이터를 싫어한다. 왜냐고? 감정은 거짓을 말하지만 데이터는 거짓말을 모르기 때문이다.

우리의 감정은 특정한 상황에 대해 완전히 거짓된 인상을 심어준다. 어떻게 아냐고? 당신의 걱정들이 모두 실제로 일어났는가? 당신이 가진 모든 두려움과 불안에 실체가 있었는가? 4년 전에 내뱉은 바보 같은 말에 대해 생각하며 밤을 지새운 일이 도움이 되었는가? 당신을 좌절하게 한 과거의 실패가 당신의 인생에 영향을 끼쳤는가?

그렇지 않다.

감정은 한밤중에도 당신을 미치게 만든다. '내일 이야기 좀 하자'는 상사가 하려는 이야기가 무엇인지에 관해 끝도 없이 상상하는 건 의미 있는 행동이 아니다. 그저 당신을 지치게 할 뿐이다. 그와 같은 순간이 찾아오면 우리의 감정은 잔뜩 화가 난 채 끔찍한 이야기들을 늘어놓는다.

데이터는? 그렇지 않다.

데이터는 모든 소음을 차단한다.

데이터는 모든 잡음을 걸러낸다.

데이터는 모든 방해물과 과장, 무기력함, 또는 지금 당신의 앞을 가로막고 선 것이 무엇이든 그것을 가로질러 당신에게 온다.

유효한 데이터는 내일을 위한 올바른 결정을 내리는 데 필요한 모든 것을 준다.

그게 데이터다. 당신의 더 나은 미래를 위해 오늘 주어진, 어제로부터의 선물인 것이다.

데이터가 지닌 능력이 빛을 발하려면 데이터가 우리에게 어떤 도움을 줄 수 있는지를 먼저 알아야 한다. 우리가 데이터를 싫어하는 이유는 무엇인지, 데이터를 수집하고 활용하는 방법은 무엇인지 지금부터 살펴보자.

당신의 페이스메이커

제이슨의 목표는 18킬로그램을 감량하는 것이다. 직업이 약사인 탓에 주로 앉아서 시간을 보내기 때문에 자기도 모르는 사이에 여기저기에 살이 붙었다. 그 자신도 이상적인 몸매에 비해 살이 조금 찐 편이라는 사실을 알고 있었다. 하지만 추수감사절이 그를 궁지로 몰아붙였다. 엄밀히 말하면 그를 궁지로 몰아간 것은 추수감사절이 아니라 아내의 할머니였다. 추수감사절을 맞아 할머니가 계시는 요양원 병실 문을 열고 들어갔을 때, 책을 읽고 있던 벳시 할머니는 고개를 들어 그를 올려다보더니 불쑥 이렇게 말했다. "제이슨, 살쪘구나." 노인과 어린 아이는 가감 없이 진실을 말한다. 그 사이에 낀 우리는 예의를 차리는 척이라도 하지만 말이다.

18킬로그램 감량이라니, 엄청난 목표처럼 보인다. 그렇지만 제이슨은 자신의 몸에서 유치원생 하나만큼의 무게를 덜어내려는 결심을 했다. 불가능한 일은 아니었다. 대부분의 다이어터와 마찬가지로, 제이슨에게도 이번이 처음은 아니었기 때문이다.

그런데 불행하게도 마흔네 살의 제이슨은 이전과 달리 도무지 살이 빠질 생각을 하지 않는다는 걸 깨닫는다. 지난 8주간의 노력에도 이 살들은 제이슨을 떠나려고 하지 않았다. 그는 개인 트레이너를 고용했고, 더 많이 달렸고, 식단 조절에 더 신경 썼지만 체중계의 바늘은 단 1밀리미터도 움직이지 않았다.

다이어트가 뜻대로 되지 않거나 승진이 멀게만 느껴질 때, 책을 읽으려는데 아무리 다짐하고 노력해봐도 도무지 책장을 펼치기가 힘들 때, 대부분의 사람은 그제야 처음으로 지난 과정을 되돌아본다.

목표 달성에 너무 오랜 시간이 걸리고, 원하던 결과가 숨바꼭질에 재미를 붙인 듯 나타나지 않자, 예상과는 전혀 다른 현실을 보고 당황하며 과정을 되짚어보는 것이다.

우리가 포기하는 이유는 '과정'을 제대로 돌아보지 않아서다. 일이 원하는 대로 풀리지 않을 때는, 중도 포기가 아니라 당신의 방향을 조정하고 계획을 수정할 때다. 완벽주의는 이렇게 소리친다.

"수정이라고? 수정이 필요하단 건 포기해야 한단 뜻이야!"

듣지 말고 무시하자. 완벽주의는 당신이 과정을 살피는 것을 원치 않는다. 아마 그럴 필요 없다고 말할지 모른다. 똑똑한 사람들에겐 지도나, 수치 측정이나, 데이터 따위는 필요 없다고 말이다. 아니면 당신이 확인할 데이터를 보면 걱정만 늘 것이라고 말할지 모른다.

지난 1년 동안 나는 내 책의 판매 데이터를 확인하지 않았다. 진실을 마주하기 두려웠기 때문이다. 사실 이 문제의 가장 극단적인 사례는 심각한 질병이 발견될까 봐 두려워 병원에 가길 거부하는 사람들이다.

물론 지금 이 책을 읽고 있는 당신은 의심할 여지없이 이미 충분히 열심히 달리고 있는 사람이다. 그러나 아무리 열심히 달린다고 하더라고 방향을 신경 쓰지 않는다면 어떻게 될까? 아마도 실망한 채 주저앉고 말 테고, 결국 결승선에는 닿을 수 없을 것이다.

무자비한 숫자들로 괴롭히려는 게 아니다

계좌를 확인하지 않으면, 잔액이 얼마나 적은지 알 수 없고 그래서 절망적인 기분도 느낄 일이 없다. 그래서 좋은 기분을 유지하기 위한 솔루션으로 당신은 계좌 내역을 무시한다. 체중계도, 병원도, 그리고 쓰레기로 가득 찬 차고도, 심지어 결혼 생활에서 발생한 문제도 무시하고 만다.

앞서 언급했듯이, 완벽주의란 불가능한 기준에 나를 맞추려는 절박한 시도다. 이 완벽주의는 그 불가능한 기준들을 수호하기 위해서 무슨 짓이든 한다. 그러면서도 그 기준들이 얼마나 불가능한지 당신에게 절대로 들키지 않으려 온갖 방법을 동원한다. 특히 데이터라는 냉철한 눈을 갖지 못하게 필사적으로 가로막으며, 곁눈질을 하다가는 앞으로 나아가기는커녕 영영 주저앉고 말 거라는 생각을 주입해 당신을 두려움에 빠져들게 만든다. 그렇게 이리저리 끌려다니다 우리가 결승선이 아닌 엉뚱한 곳에 가 있던 게 어디 한두 번이던가?

반면에 데이터는 당신의 계좌에 든 돈이 적은데도 불구하고, 당신이 스스로 생각하는 것보다 커피에 많은 돈을 쓰고 있다는 사실을 알려줄 것이다. 그 조언을 듣고 집에서 커피를 내려 마시기 시작하면 당신은 휴가 여비 마련을 더 쉽게 시작할 수 있다. 심지어 온라인에서 만난 부자 친구와 스스로를 비교하는 일을 멈출 수 있을지 모른다. 합리적인 목표를 세우게 되고, 돈을 대하는 당신의 시각을 완전히 바꾸게 될 수도 있다. 심지어 그 과정에서 재미를 찾게 될지도 모른다.

완벽주의는 위의 문단 전체를 싫어한다.

솔직히 말하자면, 체중계 위에 올라섰을 때 당신은 데이터를 얻었다는 사실에 만족하는 게 아니라 눈앞에 찍힌 몸무게에 좌절하게 될 것이다. 하지만 그 숫자에 집착하지 말고, 변화를 향한 긴 여정을 시작하자. 완벽주의는 당신이 말도 안 되는 잡지 속 몸매를 목표로 삼기를 원한다. 나는 180이 넘는 모델 사진에 '몸매 유지의 비밀'이라는 헤드라인이 달린 잡지 기사를 좋아한다. 그런데 그 기사가 절대로 말해주지 않는 진실은 이것이다.

"사실 내 부모님 두 분 모두 185센티미터 이상의 장신이죠. 그 덕에 긴 다리를 갖게 되었다는 사실을 인정하긴 합니다만, 그래도 당신은 스쿼트를 조금 더 해보는 게 어떨까요?"

이렇게 데이터는 우리에게 진실을 말하지만, 완벽주의는 진실을 견디지 못한다. 우리가 데이터를 싫어하는 이유가 거기에 있다. 수년 동안 완벽주의가 데이터를 악당으로 묘사해왔기 때문이다. 나 또한 그동안 '데이터는 재미있지 않다. 데이터는 내 친구가 아니다'라고 생각했다. 아마 대부분은 지금도 그렇게 생각할 것이다.

우리는 데이터가 삶에서 재미를 빼앗으려 한다고 생각한다. 데이터가 흥겨운 분위기에 찬물을 끼얹는다고 믿는 것이다.

칼로리가 메뉴 옆에 쭉 나열되어 있는 식당 메뉴판을 처음 봤을 때가 아직도 기억난다. 나는 같은 콘퍼런스에 참여한 한 무리의 사람들과 뉴욕에 있었다. 우리는 마치 휴가지에 온 사람들처럼 기대에 들떠 활기차게 메뉴판을 열었다. 굉장한 도시에 온 만큼 엄청나게 먹어댈 참이었다.

그러나 즉시 침묵이 내려앉았다. 각 음식 옆에 적힌 칼로리 수치가 우리의 시선을 사로잡았다. 결국 우리는 모두 꼭대기에 나이프를 꽂아 해체 작업을 해야 할 만큼 거대한 몬스터 치즈버거에서 샐러드로 메뉴를 바꿨다. 얇디얇게 저민 하얀 닭가슴살 구이가 들어간, 드레싱도 한 쪽에만 뿌려진 슬픈 샐러드였다.

당시에 데이터는 우리를 불행하게 만들었다.

레스토랑의 잘못은 아니었다. 그들도 손님들이 식사를 하기도 전에 메뉴판으로 겁을 줄 생각은 전혀 없었지만, 법을 지키려면 어쩔 수 없었다. 그들이라고 '베이컨과 할라피뇨가 한가득 들어간 치즈프라이는 건강에 해롭다'는 사실을 알려주는, 보기만 해도 무서운 칼로리로 고객의 식욕을 떨어뜨리고 싶었을까?

이쯤 되면 다들 "데이터, 넌 정말 최악이야. 왜 우리를 그렇게 괴롭히는 거지?"라고 생각할지도 모르겠다.

하지만 그게 아니라면?

오랫동안 우리가 데이터를 잘못된 시각에서 바라본 거라면? 데이터가 당신의 기분 좋은 하루를 망치려는 것이 아니라, 당신의 목숨을 구하려던 거라면? 정말로 사소한 데이터들이 모여 당신의 목표 달성에 거대한 차이를 만든다면?

그렇다면 데이터야말로 완벽주의의 목소리를 죽이는 최선의 방법이 아닐까.

데이터는 현 위치를 알려줄 뿐

데이터를 무시한다는 것은 당신이 마주한 상황을 '부정'하는 일이다. 치즈버거의 칼로리를 알든 모르든, 칼로리는 달라지지 않는다. 그 식사에 칼로리를 더한 범인은 데이터가 아니라는 뜻이다. 데이터는 그저 당신이 먹고 있는 것이 무엇인지 말해줄 뿐이다. 현명한 결정을 내리는 데 필요한 모든 것을 제공할 뿐이다. 데이터는 나를 도와 지금 입는 바지들을 계속 입게 해주려고 노력한 것뿐이다.

그럼에도 우리가 화가 나는 이유는 '모르는 게 축복이다'라는 문구를 잘못 해석한 탓이다. 데이터가 우리의 행복을 망치고 있다고 생각하며, 무지로부터 우리를 구원하려는 데이터의 노력을 우리가 오해하는 것이다.

부정은 당신을 무지하게 만든다. 또한 이것의 가장 큰 문제는 진실을 외면하고 부정하고 있다는 사실을 스스로가 깨닫지 못하게 한다는 점이다.

타인이 진실을 부정할 때 그 사실을 지적하는 것은 놀랄 만큼 쉬운 일이고, 때때로 아주 만족스러운 기분을 안겨주기도 한다. 데이터가 보내는 신호를 철저히 무시하며 부정의 늪에 빠져 고통 받는 친구를 한 명 떠올리라고 하면 당신은 당장이라도 할 수 있을 것이다.

그 친구는 자신이 경제적으로 감당할 수 없는 차를 몬다. 그 친구는 벌써 50번째 다이어트를 시도하지만 거의 매일 '치팅 데이^{Cheating day}'를 즐기며 먹고 싶은 건 다 먹는다. 또 새로운 직장을 간절히 원하지만 지난 6개월 동안 이력서를 넣은 적이 한 번도 없다. 멍청한 상대와 데이트를 하면서도 그 사람과 결혼을 하면 모든 문제가 기적적으로 해결되기를 바란다.

이처럼 타인의 부정은 네온사인처럼 선명한데, 당신의 부정은 당신에게 보이지 않는다.

책의 초반에 '목표 절반으로 줄이기'에 대해 다룬 이유를 아는가? 완벽주의가 우리를 상대로 '부정'이라는 책략을 쓰기 때문이다. 완벽주의는 우리로 하여금 현실을 부정하고 아주 거대한 목표를 좇게 하여, 시작도 하기 전에 우리를 무너지게 만든다. 예컨대 수영, 달리기, 자전거 훈련을 충분히 하지 않은 운동선수가 112킬로미터에 달하는 철인3종경기를 목표로 하는 것은 현실을 부정하는 일이다.

데이터는 거짓말을 하지 않는다. 데이터는 당신의 판단력을 흐리게 하는 감정에 휘둘리지도 않는다. 가끔 인생 항로를 탁하고 혼란스럽게 하는 뿌연 감정의 안개 속에 있다 보면, 지금 무슨 일이 벌어지고 있는지 보기 어려울 때가 있다. 이때 데이터가 당신이 길을 잃지 않도록 안내하는 길잡이가 되어줄 것이다.

문제는 이런 데이터를 우리가 무시하고, 현실을 직시하는 것을 거부한 채 부정을 따를 때다. 부정이 주도권을 잡게 된다면 그 길의 종착지는 재앙이다. 당신의 삶의 지표인 데이터를 관찰하며 우리를 결승선으로 이끄는 데이터를 따를 것인가, 아니면 어떻게든 방해하기 위해 우리의 눈을 가리고 제멋대로 이끄는 완벽주의를 따를 것인가.

두 가지 갈림길 앞에서 우리가 어떤 선택을 내려야 하는지는 자명하다. 이제 당신은 데이터의 목소리에 귀를 기울일 준비가 되었는가?

정말 80년 묵은 스카치가 필요할까?

언젠가 식품업계 전문가에게 '데이터를 무시한 채 완벽주의를 표방하다가 식당이 망한 사례를 본 적 있는지' 물었다. 그는 한바탕 웃더니 실패를 향해 전력 질주한 어느 레스토랑 이야기를 들려주었다.

"22달러짜리 식사를 판매하던 주방장과 함께 일한 적이 있었어요. 그는 고기에 13달러, 요리에 사용할 소스를 만드는 데 6달러를 사용했죠. 가게 조명을 켜기도 전에 요리에만 19달러를 쓴 겁니다. 임대료를 내고, 장비도 구입하고, 직원도 채용해야 했는데 말이죠. 소스에 6달러나 쓴 이유가 뭐냐고요? 80년 된 스카치를 사용했기 때문입니다."

대부분의 사람은 품질 좋은 스카치가 만들어내는 미세한 차이를 감지해낼 만큼 미각이 뛰어나지 않다. 그 향이 어느 연필을 깎았을 때 풍기는 향과 비슷한지, 에든버러의 안개 낀 황무지 중 어느 곳에서 생산한 스카치인지 알 수는 없다. 게다가 고작 소스를 만드는 데 사용할 스카치 아닌가!

요리사가 80년 된 스카치 대신 40년 된 스카치를 사용한다 해도, 그 사실을 알아차릴 사람은 거의 없을 것이다. "잠깐만요, 이거 겨우 40년 된 스카치로 만든 소스입니까? 내가 요구한 건 인간의 달 착륙 이전에 생산한 재료로 만든 소스란 말입니다. 이 구정물 같은 건 대체 뭡니까?"라고 말할 사람은 아무도 없다는 얘기다.

하지만 요리사는 예술가이고, 예술가들은 대체로 완벽주의에 약하다. 그 주방장 역시 자신의 조리법에 걸맞은 '완벽한 스카치'를 원했을 게 분명하다. 실제로 달성할 수 있는 것보다 더 큰 목표를 좇도록 부추기는 것과 동일한 방식으로, 완벽주의는 이 요리사에게도 가장 비싼 스카치만이 세상에서 가장 맛있는 최고의 요리를 만들어낼 것이라고 얘기한다. "당신이 그토록 공 들인 요리에 값싼 스카치를 쓰겠다고? 말도 안 돼!"

그러나 사업을 접느냐, 스카치를 바꾸느냐의 기로에 놓인 상황에서는 아무리 콧대 높은 요리사라도 저렴한 스카치를 선택할 수밖에 없다. 요리사가 마지막 분기 지출 절감을 원하고 그것이 그의 목표라면, 목표 달성은 어렵지 않다. 스카치 가격을 낮추면 될 일이다.

이게 바로 데이터가 하는 일이다. 일을 쉽게 만들어준다.

데이터는 변덕을 부리는 법이 없다. 데이터는 그냥 데이터일 뿐이다. 이러한 데이터를 이용해 유리한 결정을 내리고 싶다면, 당신에게 유리한 수치들을 가져야 한다. 이때 당신이 첫 번째로 해야 할 일은 지나온 과정을 되짚어가며 데이터를 찾아나서는 것이다.

끝까지 가려면 출발 지점을 바라보라

목표를 절반쯤 완성했을 때, 대부분의 사람들은 결승선을 바라본다. 그건 자연스러운 일이다. 많은 자기계발서들도 이 접근법을 권한다. "뒤돌아보지 마세요. 그 방향으로 가려는 게 아니니까요." "당신의 과거는 당신의 미래를 결정하지 않습니다." 많이 들어보지 않았는가? 하지만 결승선만을 지나치게 중시하는 건 위험한 일이다.

결승선만을 보고 달리면 당신은 지금까지 얼마나 멀리 왔는지를 돌아볼 힘을 잃게 된다.

그런데 중간 지점에서는, 당신이 가야 할 곳을 바라보는 것보다 출발한 지점을 돌아보는 것이 훨씬 더 큰 힘이 된다. 마지막 구간에 서 있을 때야 결승선을 바라보면 힘이 나겠지만, 중간 지점에서 바라보는 결승선은 당신을 격려하기엔 너무 멀리 있는 것처럼 느껴지기 때문이다.

이런 식으로 생각해보자. 당신은 완전한 목표 달성을 원하는데 지금까지 겨우 40퍼센트밖에 달성하지 못했다면, 그건 실패라고 볼 수 있다. 현재로썬 F학점인 셈이고, 완벽주의는 신이 나서 그 점을 당신에게 상기시켜줄 것이다. "앞으로 60퍼센트나 더 채워야 하다니. 아직 절반도 가지 못했어. 다 망했어!"

하지만 당신이 시작점인 0을 바라보고, 더 이상 0의 지점에 머물러 있지 않다는 사실을 인지하면 어떨까? 실제로 40퍼센트는 0퍼센트에 비하면 엄청난 진전이다. 하지만 100퍼센트에 비교하면 보잘것없는 성과가 된다. 뒤를 돌아보면 그제서야 당신이 어느 곳에서 출발했는지, 당신이 얼마나 멀리 왔는지를 볼 수 있다.

뒤를 돌아본다고 해서 그동안의 성과가 달라지는 건 아니다. 숫자는 그대로다. 하지만 그 숫자에 대한 당신의 해석이 아주 달라진다.

저명한 마케팅 전문가 댄 설리번Dan Sullivan은 기업가들도 종종 이와 같은 문제를 겪는다고 말한다. 그들은 결승선에 지나치게 몰두할 뿐 아니라, 지평선을 자꾸만 이동시킨다. 성공의 정의를 계속해서 높이기 때문에 그들이 목표를 달성하는 건 현실적으로 불가능한 일이나 다름없다.

결승선에 한 발짝 가까워지는 중간지점을 통과하기 위해서는, 신중을 기해 '관점'을 정해야 할 때가 있다.

채드라는 친구는 내게 관점에 대한 아주 강력한 교훈을 가르쳐주었다. 철인3종경기 선수인 그는 경기 내내 시각장애인 참가자와 함께 경기를 뛰며 보조하는 일에 자원한 적이 있었다. 수영과 자전거 종목에 대한 이야기도 충분히 놀라웠지만 나를 가장 놀라게 한 건 달리기를 할 때의 이야기였다.

경기가 진행되는 동안 시각장애인 선수 제레미는 채드에게 "오르막 구간에 도착했을 때 그걸 내게 말해주지 마세요. 알았죠? 나는 오르막길을 볼 수 없기 때문에 느낄 수도 없죠. 앞이 보이는 사람이라면 지레 겁먹고 힘들어 할 그 구간은 나를 힘들게 할 수 없답니다"라고 말했다.

자신이 오르막 구간에 들어섰는지를 미리 아는 유일한 방법은 채드가 그에게 말해주는 것이었다. 그런데 다가올 구간을 알지 못하고 직접 몸으로 부딪히며 제레미가 스스로 관점을 통제할 수 있을 때, 경주는 훨씬 더 쉬워졌다.

목표 달성을 향한 노력은 오르막길을 달려 올라가는 것과 같다. 결승선은 오르막길의 정상에 있고, 중간 지점에서는 정상이 멀게만 느껴진다. 언덕 위를 올려다보면 좌절하기 쉽다. 결승선에 닿을 수 없을 것만 같다. 날씬했을 때 입었던 그 드레스를 다시 입는 건 불가능한 일처럼 느껴진다. 창고를 치우고 비워 주차 공간을 마련하는 건 닿을 수 없는 목표처럼 느껴진다. 서점의 선반에 내 책이 꽂히다니, 그건 있을 수 없는 일인 것만 같다.

하지만 0의 지점을 보자. 시작점을 보자. 언덕이 시작된 그곳을 바라보자. 얼마나 멀리 왔는지 보이는가? 얼마나 많은 것들을 달성했는지 볼 수 있는가? 이미 얼마나 많은 것들을 이루었는지 보이는가?

분명히 보게 될 것이다. 그러기 위해서는 뒤를 돌아봐야만 한다.

목표 달성에 추진력을 더하는 방법

목표를 달성하려면 관련 수치들을 측정해야 한다는 사실을 우리는 본능적으로 알고 있다. 하지만 실제로 그렇게 하는 사람은 많지 않다. 만일 누군가 우리에게 인생 목표를 어떻게 수치화하고 있는지를 묻는다면, 멍한 눈빛을 그에게 돌려주는 것 말고 과연 우리에게 다른 대답이 있을까?

수치를 측정한다는 말이 대단히 어렵고, 복잡하고, 과학적인 방법이 필요한 것처럼 들리지만, 이 책을 이만큼이나 읽었다면 최소한 측정법 하나쯤은 이미 익혔을 것이다. 당신은 벌써 책의 75퍼센트를 독파했고, 뛰어난 사람이며, 여러 페이지에 걸쳐 설명한 측정법들을 습득했다. 책에서 제시한 행동 지침 중 일부 또는 전부를 실천했다면, 이미 당신이 취한 행동들을 목록으로 가진 셈이다.

당신의 목표와 관련 있는 구체적인 수치들을 측정하고 싶다면 어떻게 해야 할까? 당신의 계획을 망쳐버리는 완벽주의의 유령을 퇴치하기 위해 데이터를 사용하려면 어떻게 해야 할까?

다음은 각자의 목표 달성을 위해 측정하고 기록하면 도움이 될 만한 23가지 데이터 사례다. 이것을 참고해 자신만의 데이터를 직접 수집해보면, 그 수치들을 어떻게 사용해야 할지 슬슬 감이 올 것이다. 우리가 데이터를 수집하고 분석하는 이유는 목표 달성도를 측정해 결승선을 힘차게 통과할 추진력을 얻기 위함임을 기억하자.

1 투자한 시간

향후 30일 동안 당신의 목표에 얼마나 시간을 쏟을 것인가? 30일 동안 매일 15분을 투자한다면, 총 투자 시간은 7.5시간이 된다. 7.5 시간이 엄청나게 긴 시간처럼 느껴지지는 않겠지만, 중요한 일에 이 정도의 시간을 투자했던 때가 언제였는지 떠올려보자.

2 수익

사업 목표를 세웠다면, 지난 30일 동안 당신이 거둔 수익을 측정하기는 쉽다.

3 제품 판매량

측정치는 대부분 다양한 정보의 조각들로 세분화될 수 있다. 상품을 판매하고 있다면, 수익과 제품 판매량 측정은 어렵지 않다.

4 몸무게

체중을 감량하려는 사람에게 체중계 위에 올라서는 것만큼 쉬운 측정 방법이 있을까?

5 신체 치수

감량한 몸무게를 파악하는 것보다는 다소 어려울 수 있으나, 각 신체 치수가 얼마나 줄었는지를 파악하는 것도 도움이 될 수 있다.

6 버릴 물건으로 가득 채운 쓰레기봉투 수

집 정리에 나선 내 친구는 그녀가 버린 물건의 개수뿐 아니라 그녀가 기부할 물건들을 채운 봉투의 개수도 파악했다.

7 중고서점에 판 도서 부수

이삿짐을 쌀 때 비로소 당신이 지나치게 많은 책을 가지고 있다는 사실을, 그리고 책은 그저 단어로 가득한 벽돌에 지나지 않는다는 사실을 깨닫게 된다. 본격적으로 집 정리에 나선 많은 사람들은 그들이 중고 서점에 판매한 책이 몇 권인지 파악한다.

8 작문한 페이지 수 혹은 단어 수

책 얘기가 나와서 말인데, 작가가 되고 싶다면 그동안 쓴 글의 페이지 수를 세어보는 것도 좋은 성과 측정 방법이다.

9 달린 거리

올해엔 1600킬로미터쯤 달려볼까 하는데, 얼마만큼이나 달렸는지 어떻게 아냐고?

나이키 어플이 도와줄 것이다. 달린 거리를 측정해주는 이 어플에서 나는 상위 레벨인 퍼플 레벨에 가까워지고 있는데, 전혀 쓸모없는 등급이긴 하지만 이 디지털 형식의 보상이 이상하리만큼 만족감을 준다. 내가 돌풍을 일으키며 제친 블루 레벨의 게으른 주자들이 벌써 한심해 보인다.

10 걸음 수

손목에 차기만 하면 하루 동안 얼마나 걸었는지 측정해주는 훌륭한 기기가 시장에 엄청나게 많이 나와 있다.

11 이메일 주소록

어떤 분야의 사업이든 온라인 사업을 구상 중이라면, 당신의 이메일 주소록에 있는 사람 수는 중요한 데이터다.

더 나은 성과를 위한 '데이터 활용법'

12 SNS 팔로워 수

당신이 사용하는 모든 SNS가 당신을 팔로우하는 사람 수를 즉시 볼 수 있도록 표시해준다.

13 직접 만든 음식

식단 관리는 소홀히 하면서 운동량만 늘리는 것은 바보 같은 짓이다. 건강한 삶에 꼭 필요한 것 중 하나는 식단이다. 일주일을 기준으로 외식 대신 집에서 요리해 먹은 횟수를 기록할 수 있다.

14 저축액

계좌 잔고를 파악하고 있는가? 그것 역시 목표 달성 과정을 측정할 수 있는 요소 중 하나다.

15 카드값 내역서

부실한 신용카드 관리 상황도 측정 가능한 요소다. 바인더에 정리한 두꺼운 카드 사용 내역을 숨을 헐떡이며 배달하는 우편부의 모습을 상상해본다면, 카드 사용 내역을 한 장으로 줄이기 위해 어떤 노력을 해야 하는지 생각해볼 수 있다.

16 배우자와 함께 보내는 시간

이 항목은 사실 부끄럽게도 내가 잘 못하고 있는 부분이다. 배우자와 함께 보내는 시간은 투자 가치가 높은 아주 중요한 시간이다. 배우자와 데이트한 횟수를 기록하는 일이 좋은 관계 유지에 도움이 될 수 있다.

17 예상 성장률

당신의 사업이 아직 수익을 낼 정도로 궤도에 오르지 않았거나, 성장 초기 단계일 수도 있다. 그건 문제될 게 없다. 당신이 예상한 성장률을 얼마나 달성했는지를 예의주시하자.

18 수면 시간

수면의 중요성에 대해 점점 더 많은 사람들이 관심을 보이고 있다. 수면이 좋은 성과에 핵심이라는 사실을 많은 사람들이 깨닫고 있기 때문이다. (그 사실을 깨닫는 데 이렇게 오랜 시간이 걸렸다는 사실이 오히려 놀라울 따름이다.) 알람시계를 맞추어 취침 및 기상 시간을 확인하거나, 더욱 정교한 수면 시간 추적을 원한다면 몸에 착용하는 웨어러블 디바이스를 이용할 수도 있다.

19 감사 편지

감사 표현을 하려고 노력하고 있다면, 이번 달에 보낸 감사 편지가 몇 건이나 되는지 세어보자.

20 새로운 인맥

우리는 '인적 네트워크 형성'이라는 단어를 싫어한다. 하지만 당신이 온라인 친분을 뛰어넘는 오프라인 인간관계 확장을 목표로 삼았다면, 이번 달에 당신이 만난 사람이 몇 명인지 세어보자.

21 건강에 해로운 음식을 피한 횟수

당신이 하지 않은 일을 기록하는 것도 마찬가지로 흥미로운 일이될 수 있다고 생각한다. 피자 세 조각과 사이다 네 잔을 참았다면 그것도 기록하자. 이번 달에 당신이 먹지 않은 음식들의 칼로리를 모두 더해 상상 속에서 하나의 무더기로 만들어볼 수도 있겠다.

22 독서량

독서량 늘리기는 대단히 흔한 목표다. 기록하기는 또 얼마나 쉬운가. (그나저나 나는 이번 달에 책을 몇 권 읽었더라?)

23 TV 시청 시간

TV 시청 시간을 줄이는 걸 목표로 삼았다면, 시청한 시간을 기록해보자. 아주 쉽다. 특히 넷플릭스 구독자라면 TV 시청 시간을 쉽게 추적할 수 있다.

나는 측정 가능한 데이터 23가지의 사례를 제시한 것뿐이고, 당신은 자신만의 독특한 방식으로 성과를 측정하고 있으리라 믿는다.

다만 당부하고 싶은 것은 측정 항목을 한 개에서 세 개 정도만 고르
자는 거다. 너무 적다고? 하지만 항목이 적기 때문에 성과 측정을 제
대로 할 수 있고, 그렇게 시간이 지남에 따라 자연스럽게 더 많은 항
목을 측정하고 싶어지게 될 것이다. 굳이 내가 격려할 필요도 없이 스
스로 해내게 된다. 성과를 눈으로 보는 건 즐거운 일이다. 일단 세 항
목의 성과를 보는 일에 재미를 느낀다면, 다섯 개는 훨씬 더 즐거울
것이라는 사실을 본능적으로 깨달을 것이다.

하지만 욕심을 내지는 말자. 완벽주의는 당신에게 서른 개 항목에
대한 성과를 모두 측정하라고 강요할 것이다. 정확한 양의 칼슘 섭취
를 위해 저울에 채소의 무게를 일일이 달아보도록 하는 것이다. 그런
짓은 당장 멈추자. 하나에서 최대 세 개의 항목만 골라도 충분하다.

어제의 경험이 건넨 빛나는 교훈

데이터는 앞과 뒤, 양방향으로 흐른다. 우리가 지금까지 이야기한
항목들은 앞을 향해 흐르는 데이터에 속하며, 이 데이터 항목들이 계
속해서 앞을 향해 흐르도록 노력하는 일이 중요하다. 뒤쪽으로 흐르
는 데이터 역시 중요한데, 이 데이터는 과거의 경험으로부터 얻은 정

보다.

과거의 경험은 우리에게 매우 유익한데도 우리가 과거로부터 교훈을 얻지 못하는 이유가 뭐냐고? 완벽주의가 그건 속임수에 불과하다고 말하기 때문이다. 우리에게 이미 지나가버린 과거의 기억 따윈 필요 없으니까!

완벽주의는 목표를 쉽게 달성할 수 있도록 우리를 돕는 게 무엇이든 그것에 반기를 들고 나선다. 과거로부터의 교훈은 두말 할 것 없이 완벽주의의 타깃이다.

하지만 반드시 기억하자. 과거의 경험은 당신이 의지하고 걸을 수 있는 목발과 같다.

이제 당신의 과거를 자세히 들여다보며 과거의 경험으로부터 무엇을 배웠는지 확인할 시간이다. 당신의 새로운 도전에 도움을 주는 과거의 경험이 있는가? 지금은 '길고 긴 해야 할 일 목록'에 사로잡혀 길 잃지 말아야 하는 순간 중 하나다. 연습 문제를 풀기만 해도 무기력해지는 사람이라면, 첫 세 문제에만 답하고 그냥 넘어가도 좋다. 완벽한 모습을 보이려고 노력하지 마시라. 질문을 몇 개 하겠다.

1. 지금 계획 중인 목표와 같은 목표를 세웠던 과거에는 어떤 일이 있었는가?

솔직하게 대답해야 한다. 좋은 인상을 남기려고 과거를 포장할 필요 없다. 당신이 남긴 대답은 당신만 읽을 테니까. 한 가지 더, 가능하면 최근에 시도했던 일을 골라보자. 오래된 과거일수록 기억이

흐려지기 마련이니까 말이다. 달성한 목표일 필요는 없다. 시도했던 목표면 충분하다.

2. 만일 동일한 목표를 세워본 일이 없다면, 유사한 목표를 세웠을 때 어떤 일이 있었는가?

예산 책정과 다이어트는 전혀 다른 목표처럼 느껴질지 모르나, 두 가지 목표 모두 당신을 제약한다는 점에서 동일하다. (음식을 덜 먹고 돈을 덜 써야 하니까.) 당신이 교훈을 얻을 만한 공통점을 찾아보자.

3. 지난번 당신의 도전에 함께했던 사람은 누구인가?

나는 '1인 기업' 같은 단어가 싫다. 그건 내가 세운 목표는 나 혼자 달성하겠다고 공공연하게 선언하는 것이기 때문이다. 그리고 그런 일은 없을 것이다. 그 누구도 온전한 1인 기업이 될 수는 없다. 하다못해 택배 하나를 보내는 일에도 배달해줄 사람이 필요하지 않은가? 당신의 목표가 무엇이든, 목표 달성 과정에 관여하거나 영향을 미치는 사람은 반드시 있다.

4. 목표 달성까지 시간은 얼마나 걸렸는가?

한 달? 일주일? 6개월? 목표 달성에 걸리는 시간을 알고 있으면, 새로 세운 목표의 진행 상황을 정확하게 파악하는 데 도움이 된다.

5. 목표 달성에 소요되는 비용은 얼마인가?

목표 달성을 위한 예산안을 세웠는가? 당신이 가장 먼저 투자해야 하는 항목은 돈이 아니라 시간이다. 하지만 언젠간 돈이 투자 요소가 될 수밖에 없다. 지난 번 목표 달성에 얼마의 비용이 들었는가? 지출이 예산을 넘어섰는가? 비용을 산출하는 데 애를 먹었는가? 예상치 못한 비용이 발생한 적 있는가?

6. 마감일이 주어졌는가? (예: [   ]일까지 해당 프로젝트를 마무리해야 한다)

마감은 목표 달성에 가장 중요한 동기부여 요인이 될 수 있다. 지난 번 목표에 마감일이 있었는가? 마감일은 도움이 되었는가? 아니면 불필요한 심적 부담을 유발했는가?

7. 목표 달성에 실패했을 때 예상되는 후속 결과가 있었는가?

예상되는 후속 결과는 변화를 유발한다. 이것 없이는 중심을 잃기 쉽다. 지난번 도전에서 목표 달성에 실패할 경우 예상되는 결과가 있었는가? 그렇다면 그것은 무엇이었는가? 그 예상 결과가 자극제가 되었는가?

8. 목표를 달성했을 때 보상이 있었는가?

보상이 동기부여가 되는 사람이라면 지난번 목표엔 보상이 있었는가? 목표 달성에 실패했다면 혹시 부적절한 보상이 그 원인은 아니었는가? 이번 목표를 달성하면 어떤 보상이 주어지는가?

9. 목표 달성에 실패했다면, 과정 중 어느 단계에서 어려움을 겪었는가?

내 경우에는 여행지에서 건강한 식단을 유지하기가 어렵다. '여행지에선 간단히 부리또 먹기'가 나만의 여행 공식이다. 나이가 들면 들수록 실패가 교훈을 준다는 사실을 깨닫는다. 어느 단계에서 미끄러져 넘어졌을 때, 몇 가지 질문을 던지는 과정이 중요하다. 그 과정 없이는 다시 같은 자리에서 미끄러지고 말 테니까.

10. 다시 도전할 기회가 생긴다면, 어느 단계에 변화를 주고 싶은가?

동일한 목표에 다시 도전할 기회가 주어진다면, 어떤 점에 변화를 줄 텐가?

당신의 목표에 꼬치꼬치 이 모든 질문을 하는 이유는, 그리고 최대한 많은 정보를 수집하려는 이유는 당신의 목표 달성 가능성을 최대한 높이기 위해서다.

위의 질문들이 마법 같은 힘을 가졌다거나, 이 질문들을 해결한다고 모든 게 해결되는 건 아니다. 이 질문들은 오히려 당신이 목표에 관해 진행해야 할 인터뷰의 시작에 불과하다. 질문이 좋을수록 데이터의 질도 더욱 높아지고, 따라서 성공 확률도 더욱 높아지게 된다. 한 가지 주의할 점은 질문의 문장에 사용된 '더욱'이라는 단어를 '완벽하게'로 이해해서는 안 된다는 것이다.

그러려면 아주 많은 노력을 해야 한다. 그래서 나는 나대로 유머와 사례를 곁들여 힘에 부친다는 사실을 당신이 잊게 하려고 최선을 다하는 중이다.

위의 훈련들이 괴상망측하게 들릴 수 있다는 사실까지도 이해한다. 하지만 이 훈련에 그만한 가치가 있다고 꼭 이야기하고 싶다. 특히 당신에게 의미가 큰 목표일수록 그렇다. 기억해야 할 점은 이 훈련을 진행하는 동안 새로운 목표가 필요하다는 깨달음이 올지도 모른다는 사실이다.

우리가 지금 하고 있는 훈련들은, 실제로 프로젝트를 진행하며 헤쳐 나가야 하는 어려움과는 비교할 바가 아니다. 그냥 '행동 목록'을 작성하는 일에 불과하다. 이것도 하고 싶지 않다면, 실제로 행동을 취해야 하는 순간이 왔을 때 어떻게 하려고 하는가? '잠재 고객들에게 전화 돌리기'라고 적어보는 것은, 실제로 수화기를 들고 전화를 거는 것보다 훨씬 쉬운 일이다.

과거의 경험을 살펴보며 교훈을 얻어, 목표를 수정하고 변경하는 일은 실패가 아니다. 오히려 성공에 가깝다. 당신에게 중요하지도 않은 목표를 세워 놓고 힘겨운 과정을 절뚝이며 헤쳐 나가는 대신, 현재 목표를 다듬거나 더 나은 목표를 선택하는 편이 훨씬 낫다.

비행기에서 더 쉽게 목표를 달성한다?

과거를 되돌아보는 것은 당신이 어떤 사람인지, 당신에게 가장 적합한 목표 달성 전략이 무엇인지 이해하는 데 가장 좋은 방법 중 하나다. 기억하자. 완벽주의는 '자기 인식'을 못 견뎌한다는 것을. 스스로에 대해 잘 아는 사람일수록, 자신의 한계를 이해하고 인정한다. 즉 완벽한 성과에 대한 약속을 스스로에게 하지 않는다는 뜻이다. 자기 인식은 당신이 더 자주 '비행기'를 타고 싶게 만들지도 모른다.

내게는 그 어느 곳보다 비행기 안에서 더 많은 일을 끝낼 수 있다고 주장하는 친구가 셋이나 있다. 게다가 각계각층의 사람들, 심지어 전문가들 중에서도 이런 성향을 보이는 사람들이 있다는 이야기를 들은 적이 있다.

대개는 그게 진짜 의미하는 바가 무엇인지 궁금해하지 않고 지나간다. 그러나 자신이 세운 목표는 달성하고야 마는 훌륭한 사람들은 작은 아이디어 뒤에 숨겨진 큰 아이디어를 탐구한다. 비행기 안에서 보내는 시간이 당신의 능률을 그토록 높이는 이유가 뭘까?

공기의 질이 영향을 미치는 건 아닐 것이다. 기내에서는 모든 종류의 균을 한 번에 들이쉬게 되니까. 온 가족이 마스크를 쓴 채 비행기에 오르는 걸 보면 "당신은 알고 나는 모르는 사실이 뭡니까?" 하고 묻고 싶어진다.

당신의 베개를 기내로 들고 갈 수 있기 때문도 아니다. 사실 이건 최근 유행하는 비행기 여행 트렌드 중에서도 가장 이상하다고 생각하는 것이다. 음료 서비스일 리도, 팔걸이가 있는 곳이면 어디에서든 발생하는 팔걸이 쟁탈전일 리도 없다. 그렇다면 비행기의 어떤 점이 사람들의 능률을 높여줄까?

1. 제한된 양의 일감만 가지고 탈 수 있다

지상에 있는 당신의 사무실에서는 모든 일을 한 번에 진행할 수 있다. 파일 캐비닛, 책상, 다른 프로젝트들로 가득 찬 서랍에 둘러 쌓여 일하기 때문이다. 그러나 비행기 안에서는 제한된 수화물의 양과, 아주 작은 접이식 트레이가 방해 요소들을 제거한다. 그뿐 아니라, 계획에 따라 신중하게 짐을 싸게 만들기도 한다. 기내에서 당신이 진행하는 프로젝트는 우연히 당신에게 딸려온 일도, 무작위로 걸려든 것도 아니다.

2. 백색 소음이 집중에 도움을 준다

비행기는 시끄럽다. 당신도 그걸 눈치챘는지 모르겠다. 몇 톤이나 되는 무게의 금속 물체를 하늘에 띄우고 중력과 싸우는 일은 조용히 진행하기에는 아주 어려운 일이다. 그 과정에서 만들어지는 백색 소음은 많은 사람들의 집중력을 높여준다. 소음이 오히려 적막함을 선사하는 것이다.

3. 당신을 방해하기엔 인터넷 신호가 너무 약하다

인터넷은 내게 애증의 대상이다. 인터넷을 사랑하는 이유는 무엇이든 할 수 있도록 기회를 제공하기 때문이다. 증오하는 이유도 역시 내게 모든 것을 할 수 있는 기회를 제공하기 때문이다. 끊기기 일쑤인 기내 인터넷 신호 덕분에 많은 여행객들은 고립된 시간을 보낼 수밖에 없다. 『왕좌의 게임』 저자인 조지 R. R. 마틴은 1980년대부터 DOS 기반 워드프로세서로 집필 작업을 함으로써 스스로를 인터넷 환경으로부터 고립시켰다고 한다.

4. 마감일이 정확하게 정해져 있다

비행기는 유한하고 작은 물체다. 그리고 명확하게 끝이 온다. 엄밀히 말하자면, 비행에는 일련의 마감들이 있다. 터미널에서 탑승을 기다리는 시간, 기내에서 이륙 전에 주어지는 잠깐의 시간을 활용하여 일을 할 수 있다. 비행기가 만 피트 상공에 다다를 때까지는 노트북 컴퓨터를 접어 바닥에 내려놓고 기다려야 한다. 실제로 노트북 컴퓨터를 내려놓으라는 기내 방송까지 나온다. 이 정도로 체계적인 시간표에 따라 생활하는 건 대부분 학교를 졸업한 뒤 처음일 것이다.

5. 당신을 아는 사람이 없다

비행기는 일을 하기에 최적의 장소일 수 있다. 주위에 당신을 아는 사람이 없기 때문이다. 물론 내 경우에는 내 사진이 담긴 잡지가 미국 남서부 지역 전역에 깔려 있어서 상황이 다르지만 말이다. 기내 승무원이나, 노골적으로 헤드폰을 착용해야 겨우 입을 다무는 수다스러운 옆 좌석 승객이 아닌 경우에야 비행기 안에서 방해받을 일은 없다. 또 비행기 안에는 당신의 사무실을 찾아와 가장 오랜 역사를 자랑하는 거짓말을 하는 사람도 없으니까 말이다. "잠깐 시간 돼?" 이때 잠깐은 절대 잠깐에 그치지 않는다는 사실을 모르는 사람도 있을까?

당신도 비행기 안에서 능률이 오르는 사람이라는 걸 깨달았는가? 그렇다고 해도 능률을 올리기 위해 일 년에 비행기를 수백 번 탈 수는 없는 일이다. 그렇다면 우리는 이러한 비행기의 특징을 삶의 다양한 부분에 적용하는 것으로 마음껏 이용해보자.

예를 들어 제한된 업무량이 집중력 향상에 도움이 된다면, 파일 딱 하나만 들고 사무실을 나서자. 인터넷 접속이 엉망이어야 정신을 집중할 수 있다면, 친구와 커피를 마시는 동안만큼은 휴대폰을 꺼두는 건 어떨까?

무엇이 당신의 능률을 가장 높여주는지 모른 채 실수를 반복한다면, 당신은 절대로 나아지지 못할 것이다.

무언가를 성취했던 경험을 떠올려보자. 당시에 무얼 하고 있었는가? 그 순간의 어떤 요소가 가장 크게 도움이 되었는가? 어느 곳에 있었는가? 어떤 음악을 듣고 있었는가? 그 전에는 무엇을 했는가? 그 후에는 무엇을 했는가?

내게는 효과적인 방법이 당신에게는 효과를 보이지 않을 수도 있다. 저마다 가진 목표의 독창성, 개개인의 성격이 가진 복잡성, 그리고 각자의 문제 해결 능력에 따라 다르게 작용하기 때문이다. 이를테면, 나는 집에서는 일이 잘되지 않는다. 잠옷을 입고 '재택근무'를 하는 것이 우리의 국가적 사명이라도 되는 양 외쳐왔건만, 막상 집에서 잠옷바지를 입고 일을 하려고 보니 자꾸만 슬픈 기분이 밀려왔기 때문이다. 불편한 바지나 꼬리 달린 턱시도를 입어야 일을 할 수 있다는 뜻이 아니다. 나는 일을 하려면 집을 벗어나야 하는 스타일이다.

이 놀라울 정도로 단순한 깨달음을 얻기까지 2년이 걸렸다. 난 사무실로 출퇴근을 하며 15년을 살았고, 그 리듬에 아주 잘 맞았다. 사업을 시작한 이후, 2년 동안을 집에서 허우적대며 아내를 괴롭히고, 인맥을 넓혀야 한다는 간절함에 집에 찾아온 택배 기사와 지나치게 수다를 떨면서도 내가 그토록 엉망인 이유를 알지 못했다.

완벽주의가 내게 속삭였다. "다른 기업가들은 집에서 일하는 게 좋대. 너만 이게 힘든 거야. 대체 넌 왜 그래?"

10분만 앉아서 '나는 어떻게 해야 능률이 오르지?'를 생각했더라면 내게는 통근을 하는 근무 방식이 맞는다는 사실을 금세 깨달았을 것이다. 그렇다고 로스앤젤레스의 출퇴근길처럼 영혼을 갉아먹는 통근을 매일 경험할 필요는 없다. 단 몇 분만이라도 차 안에 앉아 잠을 떨쳐내고 업무 영역으로 들어갈 준비가 필요하다. 지난 15년간의 경험으로 쌓아올린 나만의 업무 방식이 있다는 사실을 나는 뒤늦게 깨달았다.

당신이 세운 목표를 달성하고 싶다면 당신의 업무 효율이 어떤 환경에서, 언제 가장 높은지에 대해 곰곰이 생각해보고 각자의 '비행기'를 찾아보자.

예상치 못한 실적에 대처하는 법

지금까지 우리는 앞으로 흐르는 데이터와 뒤로 흐르는 데이터에 대해서 각각 살펴보았다. 하지만 데이터의 수치들이 당신이 원하는 대로 움직이지 않는다면 어떨까?

나는 이런 순간을 '완벽주의의 일시정지'라고 부른다. 완벽주의는 목표를 향해 달리는 당신을 도중에 멈춰 세우는 것을 좋아한다. 92퍼센트의 계획이 실패로 돌아가는 데는 다 이유가 있는 것이다. 데이터 수집 등의 작업을 하고 나면 사람들 대부분은 이미 목표를 달성한 것 같은 착각을 한다. 하지만 데이터를 수집만 하고 활용하지 않는 건 무의미하다.

데이터를 수집하긴 했지만 바라는 결과가 나오지 않았다면 어떨까? 많은 사람들이 중도에 포기하는 이유가 여기에 있다. 실망과 깨져버린 기대에 무너지고 마는 것이다. 당신의 예상과 달리 일의 진행 과정이 만족스럽지 않다면, 세 가지를 조정해볼 수 있다.

하나, 목표

둘, 마감일

셋, 대책

당신이 세운 목표는 이 프로젝트를 시작했을 때 당신이 도달하고자 했던 바로 그 결승선이다. 당신이 목표 달성의 근처에도 가지 못할 것을 깨닫게 된다면 이 목표를 낮춰 잡아야 한다.

친척 어르신이 한 말에 상처받아 다이어트를 시작한 제이슨에게 목표는 18킬로그램 감량이었다. 문제는 제이슨이 처음부터 말도 안되게 높은 목표를 세웠다는 점이다. 만일 목표의 절반인 9킬로그램 감량에 도전했다면 결과는 더 좋았을 것이다. 목표를 절반으로 낮춰 잡는 것의 가치에 대해서는 이미 앞에서 충분히 이야기했다.

제이슨과 당신이 조정해야 할 두 번째 요소는 마감일이다. 성과를 8주마다 측정하는 대신 16주마다 측정하는 것으로 늘릴 수 있다. 목표로 삼은 기한을 늘렸더라면 그가 원하던 성과를 얻을 확률도 크게 높일 수 있었을 것이다. 이 이야기도 이미 다룬 바 있다.

세 번째로 조정해야 할 요소는 결승선에 도달하기 위해 추가 대책을 마련하는 일이다. 실망스러운 결과에 직면했을 때 제이슨에게는 이 세 번째 요소를 조정할 기회가 주어졌다. 그는 더 많은 대책을 만들어 끼워 넣을 수 있었다. 개인 트레이너와 운동하는 시간 외에도 식단을 조절해줄 식단 관리사를 고용하거나, 칼로리 높은 맥주와 와인을 끊어볼 수도 있었을 것이고, 매달 운동하는 횟수를 늘려 변화를 줄 수도 있었을 것이다.

업무와 관련된 목표 달성 프로젝트에서는 목표와 마감일이라는 두 요소를 조정하는 것이 불가능할 수 있다는 사실을 기억해야 한다. 결과를 검토한 뒤 목표 달성이 불가능하다는 것을 깨달았을 때, 상사에게 가서 "제가 약속드린 영업 실적 목표를 낮추고 마감 기일을 두 배로 늘리려고 합니다! 고객의 요청에 따라 새 병동을 오픈하려면 그 프로젝트를 도입해야 하는 걸 알긴 하지만 마감일을 맞추는 데 애를 먹고 있어요. 목표 달성은 불가능합니다"라고 말할 수는 없는 일 아닌가.

그런 상황이라면 당신의 모든 집중력과 에너지를 세 번째 요소에 투입해야 한다. 반드시 도달해야 하는 결승선이 있다면 당신이 취할 수 있는 대책을 강구해야 하는 것이다. 그러나 이것이 완벽도를 높이기 위함이 아니라는 사실을 기억하자.

혼자 진행하는 프로젝트의 경우 세 가지 요소를 모두 조정하는 것이 용이하다. 책임자는 당신이기 때문이다.

스스로를 막다른 길로 몰고 가는 대신, 과거에는 같은 목표를 얼마나 쉽게 달성했는지 자신의 기억을 조작하는 대신, 중도에 그만두는 대신, 조정 가능한 세 가지 요소들을 살피자.

당신의 기대와는 다르게 좀처럼 일의 성과가 나지 않는다면 목표, 마감일, 혹은 대책을 조정할 필요가 있는 건 아닐까 생각해보자.

데이터가 보내는 경보음을 무시하지 말자

나라고 처음부터 데이터를 잘 다뤘던 건 아니다. 사실 나는 데이터를 싫어한다. 하지만 그보다 더 싫은 게 뭔지 아는가?

나도 모르는 사이에 나를 마음대로 조종하고 엉뚱한 곳으로 이끄는 완벽주의다. 무엇이 최선인지 알지 못해서 길을 잃은 채 서 있는 기분이 싫다. 상황을 부정하며 사는 게 싫다. 그리고 무엇보다 나는 재앙이 닥치는 게 싫다.

우리 가족이 조지아 주의 알파레타에 살 때 지붕의 한 구석이 조금 썩어 있는 걸 발견했다. 전에는 내 집을 가져본 적이 없었기 때문에 그 데이터를 가지고 뭘 해야 할지 알지 못했다.

"아이고, 저것 좀 봐. 다락에 생긴 구멍 때문에 집이 바깥세상과 연결됐잖아. 훌륭하군." 대수롭지 않게 그 상황을 농담으로 넘겨버린 것이 화근이 될 줄은 몰랐다.

뒤뜰 잔디를 손질하러 나갈 때마다 지붕을 올려다봤는데, 구멍이 점점 커지고 있는 게 아닌가. 나는 여러 달 동안 집의 모서리가 분해되는 과정을 지켜봤다. 처음에 구멍은 15센티미터에 불과했다. 내게는 분명 정확한 데이터가 있었지만, 아무런 조치도 취하지 않았다. 나는 현실을 부정하며 그 구멍이 문제되지 않을 것이라고 우겼는데, 나중에 상태를 살펴보았을 때 지붕 수리를 감당할 수 없을까 봐 두려웠기 때문이다.

그런데 어느 날 개미가 우리 집에 쳐들어왔다. 구멍이 점점 커지는 사이에 개미 수십만 마리가 찾아와 방 한 구석에 함께 살게 된 것이다. 밤낮으로 걱정하며 속상해하는 아내 제니와 달리, 개미들은 아랑곳하지 않고 매일 파티를 열었다.

개미의 존재는 영원히 부정할 수도 있었다. 하지만 다람쥐까지 무시할 수는 없었다. 다람쥐 가족이 우리 집 다락으로 이사를 결정한 것이다. 한시도 쉬지 않고 다락방을 종종걸음으로 돌아다니는 다람쥐 소리만큼이나 숙면을 보장하는 것도 없을 것이다. 재미있는 사실을 하나 알려주자면, 다람쥐가 지붕 위의 금속을 갉아먹는 이유는 이빨이 끊임없이 자라기 때문이란다.

100달러면 해결할 수 있었던 구멍 수리비용이 결국 수천 달러가 되었다. 사실 다람쥐를 잡으려고 다락방을 뛰어다니다가 침실 천장에 원래 있던 구멍 옆에 친구 녀석을 하나 더 만들어줬다. 침실을 떠나지 않고도 우리 집 다락에서 일어나는 일을 한눈에 볼 수 있는 게 참 편리하지 않은가 하고 아내에게 이야기했지만 전혀 동의하지 않는 눈치였다. 내 아내가 이렇게 꽉 막힌 사람이다.

다람쥐가 이사 올 때까지 데이터의 목소리를 무시하지 말자. 데이터 덕분에 당신은 상황을 부정할 수 없고, 그래서 재앙도 예방이 가능한 것이다. 완벽주의는 당신의 데이터가 너무 복잡하다고 말할 것이다. 녀석의 훼방에 마음 약해지지 말자.

데이터를 모으기 시작했으면, 당신이 마시는 물의 양을 일일이 계산하고, 시간을 초 단위로 기록하고, 당신이 쓰고 있는 책에 사용된 모음의 개수까지 세어봐야 한다고 주장할 것이다. 하지만 그건 사실이 아니다.

이번 장에서 세운 우리의 목표는 우리가 활용할 수 있는 데이터를 일단 세 가지만 파악해보는 일이다. 무엇을 위한 데이터냐고? 당연히 목표 달성이다. 이제 끝이 눈에 보인다.

Action Plan

- 목표와 관련하여 추적 가능한 세 가지 데이터 요소를 적어보자.
- 과거에 달성했던 목표를 돌아보고, 과거의 경험으로부터 배울 수 있는 것은 무엇인지 알아보자.
- 당신만의 비행기를 찾자. 당신의 업무 능률은 어떤 환경에서 가장 높아지는가?
- 목표의 절반을 달성한 시점이라면, 당신의 목표, 마감일, 대책을 조정할 필요가 있는지 결정하자.

8장

결승선 코앞에서 닥친 마지막 위기

《 최후의 일격 》

끝을 앞둔 마지막 영역에 들어서면 완벽주의는 더 시끄럽게 군다. 경고만 주고 소탕은 하지 않은 채 놔둔 어느 악당이 세력을 키워서 다시 돌아온 셈이다. 그 악당은 '두려움'을 다발로 발사하며 최후의 일격을 가한다.

마라톤 참가자 중 40킬로미터 구간에서 포기하는 사람은 한 번도 본 적이 없다. "있잖아, 이제 거의 다 온 것도 알고, 저기 결승선도 눈앞에 보이는데, 거기서 무료로 나눠주는 바나나가 별로야. 그냥 여기서 그만 둘래"라고 말하는 사람도 본 적 없다.

결승선을 두려워하는 마라톤 주자를 나는 단 한 번도 본 일이 없다.

반면 상처투성이에 온통 만신창이가 된 채, 피로가 가득 쌓인 몸으로 마지막 1킬로미터를 전력 질주하는 운동선수들을 본 적은 있다. 지친 몸을 이끌고, 그러나 정신만은 굳건하게 유지한 채 결승선을 기어서라도 들어오는 철인3종경기 선수들을 본 적이 있다.

결승선을 통과하는 순간은 그들이 갈망해오던 바로 그 순간이다. 바로 그 순간을 위해 지난 몇 달간을 훈련에 매진해온 것이다. 그렇기에 그 무엇보다 중요한 순간이다.

그렇다면 시작은 해놓고 결국 끝은 보지 못하는 사람들은 어째서 결승선 앞에서 망설였던 것일까?

메레디스는 전공을 2번 바꿨고, 6개의 학교를 다니며 학사 학위를 얻기 위해 6년이라는 시간을 썼지만 결국 마지막 학기의 기말고사를 고의로 망침으로써 졸업을 유예하는 쪽을 택했다. 왜 그랬을까? 그리고 그 후 23년 동안 미루던 졸업을 심장 절개 수술을 받고 나서야 마침내 결심한 이유가 무엇일까?

예술 작품 제작에 8시간가량을 쏟아붓다가 완성 직전에 본인의 작품을 부숴버리고 마는 예술가 친구의 행동은 어디에서 기인한 것일까? 질문을 다시 해보자면, 지금은 한 점당 275달러에 판매 중인 자신의 예술품들을 과거에 백 번 가까이 부숴버릴 수밖에 없었던 이유는 무엇일까?

그건, 끝이 다가오면 두려운 기분이 들기 때문이다.

마지막 질주

1980년대에 제작된 로맨틱코미디 영화의 92퍼센트에는 똑같은 장면이 등장한다. 바로 누군가가 공항에서 힘껏 달리는 장면이다.

당시에는 보안 시스템이 지금처럼 엄격하지 않았다. 그래서 아무 공항에나 불쑥 나타나 "터미널 안으로 들어가야겠소. 꼭 찾아야 할 비행기가 있소"라고 말할 수 있었다. 그러면 엑스레이 기계에 접근권이 없어서 당신이 무기를 숨기고 있는지 알 길이 없었던, 어느 피로에 찌든 경비원은 그냥 지나가라며 손을 흔들어 들여보내준다. 그 어떤 질문도, 검문도, 3일간의 출장에 왜 헤어 포마드 왁스 120밀리미터가 필요한지에 대한 설명도 필요 없다.

진정한 사랑이 당신을 떠나기 위해 비행기에 막 오르려는 찰나라면, 비행기 안으로 미친 듯이 달려 들어가 떠나가는 연인을 붙잡는 것이 허용되었던 것이다.

평소에는 '행인들의 어깨를 부딪치거나 기내에서 난동을 피우는' 부류의 사람이 아닐지 모르나, 그날의 당신은 기꺼이 그런 행동을 감수한다. 연인의 마음을 되돌리기 위해 당신이 하지 못할 일은 없다. 그것이 행복을 향한 마지막 질주이기 때문이다.

그게 바로 '결승선 코앞에서' 완벽주의가 느끼는 기분이다.

더 이상 완벽하지 않은 날을 지나, 목표를 반 토막 내고, 내면의 뻐꾸기를 죽이고, 당신의 목표에 재미 요소를 더했다. 앞으로 목표 달성까지의 거리는 단 한 걸음. 그리고 완벽주의 역시 그 사실을 알고 있다.

완벽주의에게는 모든 것을 망쳐버릴 기회, 목표 달성을 위해 쏟은 노력을 싹 날려버릴 기회가 단 한 차례 남은 것이다.

불행하게도 대부분의 사람들은 완벽주의가 마지막 일격을 준비하고 있다는 걸 눈치채지 못한다.

굳이 이야기하지 않아도 어떤 목표를 좇든 그 과정이 고될 것이라는 사실을 우리는 모두 알고 있다. 어떤 목표를 갖든 위기가 찾아온다는 것도 알고 있다.

하지만 "도전 과정 중 가장 힘들었던 순간은 결승선이 코앞에 나타난 바로 그 순간이었어"라는 말을 하는 사람을 본 적이 있는가? 물론 없을 것이다. 우리는 결승선을 마치 우리를 끌어당기는 자석이라도 되는 것처럼 여긴다. 결승선 가까이에 가면 저절로 가속도가 붙어 결승선 위로 날아갈 수 있기라도 하듯 말이다.

그 믿음은 반만 맞다. 결승선은 자석과 같다. 그런데 문제는 반대 극성을 띤 자석이라는 데 있다. 결승선은 당신을 끌어당기는 것이 아니라 밀어낸다.

끝을 앞둔 막판 스퍼트 영역에 들어서면 완벽주의는 더 시끄럽게 군다. 경고만 주고 소탕은 하지 않은 채 놔두었던 어느 악당이 세력을 키워서 다시 돌아온 셈이다. 그 악당은 '두려움'을 다발로 발사하며 최후의 일격을 가한다.

그중에서도 특히 그의 마지막 공격은 아주 특별하다.

'끝'에 관한 세 가지 두려움

결승선에 가까워질수록 성공이 두려워지는 경험을 하는 사람이 꽤 많다. 그건 지극히 정상적인 현상이며, 앞선 '즉시 제거해야 할 뻐꾸기'에 대한 이야기에서 이에 대해 상세히 다룬 바 있다.

그러나 아무도 모르게 정원에 들어앉은 다양한 종의 새에 대한 우려 외에도, 결승선에 관한 세 가지 종류의 두려움이 존재한다. 목표에 점차 가까워질 때 당신은 이 세 가지 두려움 중 적어도 하나, 어쩌면 세 가지 모두를 겪게 될 것이다.

1. 이후에 벌어질 일에 대한 두려움

종종 당신은 목표의 달성 그 자체가 아니라 그다음에 벌어질 일을 두려워한다. 쓰던 책을 마무리 짓는 일과, 아마존에 책 판매 등록을 한 뒤 낯선 사람들로부터 평가를 받는 것은 별개의 일이기 때문이다. 노벨문학상을 수상한 소설가 존 스타인벡^{John Steinbeck}은 그의 작품 『통조림 공장 골목』의 등장인물 헨리를 통해 이 두려움을 완벽하게 묘사해냈다.

선박 건조 장인이었던 헨리는 수년 동안 배 한 척을 완성시킬 수 없었다. 배가 완성되기 직전에 배를 부숴버리고 처음부터 다시 시작하기를 반복한 것이다. 그의 친구들 대부분은 그가 미쳤다고 생각했지만 그중 한 명이 헨리의 행동을 이해한다.

"헨리가 배는 좋아하지만 바다를 무서워하지… 헨리는 배를 좋아해… 그런데 만일 그의 배가 완성되었다고 생각해보게. 배가 완성되는 즉시 다들 '당장 배를 띄우지 않고 뭐해?'라고 말할 게 아닌가. 그래서 바다에 배를 띄우고 나면 그 배에 올라야 할 거고 말이네. 그런데 저 친구는 물을 싫어한다, 그 말일세. 그러니 보게나, 배가 완성되지 않아야 항해를 시작할 일도 없는 거지."

헨리는 물을 두려워했다. 당신은 어떤가? 비판이 두려운가? 당신이 작품을 발표하지 않는 이상 그 작품을 누군가가 평가할 일은 없다. 그러니 당신의 아이디어를 세상에 내놓는 일보다 침대 밑에 보관할 그 상자 안에 꽁꽁 숨겨놓는 편이 훨씬 더 쉬운 일이다.

솔직히 털어놔보자. 지금 당신의 항구에 절반만 건조된 배 12척이 정박해 있는 건 아닌가? 거의 다 끝낸 상태로 남겨진 배들을 그대로 갖고만 있을 셈인가? 이렇게 하면 배를 완성한 다음에 생길 어려운 일들을 예방할 수 있을 거라고 생각하기 쉽지만, 그건 사실이 아니다.

쓰이지 않는 재능은 쓰라림만 남길 뿐이다. 만일 작가가 되지 않았다면 지금쯤 무엇을 하고 있었을 것 같은지를 묻는 질문에 작가 스티븐 킹Stephen King은 이렇게 대답했다. "아마 쉰 살쯤 되었을 때 알코올 중독으로 죽었을 겁니다. 결혼 생활도 오래가지 못했겠지요. 타고난 재능을 활용하지 못하는 삶은 정말 견디기 힘들었을 거라고 생각합니다."

배는 물로 나가야 한다. 일단 목표를 달성하고 나면 그다음에 일어날 일은 그때 알아보면 된다. 미리 걱정하지 말자.

2. 결과물이 완벽하지 않을까 봐 느끼는 두려움

나는 총 8권으로 이루어진 『해리 포터 시리즈』를 7.9권까지 읽었다. 대체 왜 그런 행동을 하는지 모르겠다고? 그런 생각이 들었다면 당신이 정상이라 그렇다. 나는 해리포터 시리즈가 끝나는 게 싫었고, 결말이 내 상상만큼 멋지지 않을까 봐 두려웠다. 그래서 수천 장을 읽은 뒤 결말이 시작되기 직전에 읽기를 멈춘 것이다. 해리 포터 마지막 권은 여전히 내 책장에 꽂힌 채 나를 수치스럽게 하고 있다.

책을 읽을 때든지, 영화를 볼 때든지, 목표를 향한 여정에서든지 이런 일이 발생하는 건 충분히 가능하다. 완벽주의가 작심하고 강력하게 마지막 한 방을 날리기 때문이다. 마지막 모퉁이를 도는 순간 완벽주의가 목청을 높이며 비아냥댄다. "아, 거의 다 왔군. 얼마나 신나는 일이야! 당신이 그토록 원하던 바로 '그 결과'를 얻을 수 있길 바랄게. 안 그러면 끔찍하지 않겠어? 실망스러운 결과라니, 상상이나 돼? 결과가 굉장히 만족스러울 거라고 생각해. 아주 환상적이겠지. 그래, 분명 그럴 거야."

이 순간 당신은 주춤하고 만다. 완벽주의의 말처럼 되면 어떻게 하지? 만일 기대하는 만큼 멋지지 않으면 어떡하느냔 말이야!

위에서 언급한, 자신의 작품을 완성 직전에 깨부수는 예술가의 경우도 이와 동일한 두려움에 고통 받았다. 자신의 작품을 깨부순 이유가 뭐냐고? "완벽하지 않았으니까." 작품이 완성되기 직전에 이와 같은 불안이 그를 덮친 것이다. 그래서 그는 오랜 시간에 걸쳐 만든 작품을 제 손으로 부숴버리고 말았다.

수년간 꿈꿔온 당신의 책이 서점 선반 위에 놓이게 되는 순간이 진짜로 찾아오면 세상을 다 가진 기분이 들지 않을까? 다이어트를 하던 어느 날 마침내 체중계 위에 원하던 숫자가 찍혔을 때, 온 지구가 시끌벅적하게 당신을 축하해주는 것 같지 않을까?

위의 질문들은 모두 있음직한 일들에 관한 것으로, 이 책 전반에 등장한 질문에 내가 대답한 방식과 마찬가지로 답을 하겠다.

완벽하지 않을 것이다, 절대로. 당신이 실수를 했기 때문이 아니라 인생이라는 게 원래 그렇다.

인생은 언제나 우리가 생각한 것과는 조금 다른 방향으로 흐른다. 우리가 기대한 그 장밋빛과는 다른 색깔이다. 결정적 순간은 우리의 예상과는 다른 타이밍에 찾아온다.

'당신이 하려는 일은 완벽하지 않을 것'이라는 완벽주의의 예견을 무시해야 하는 이유가 무엇일까? 실제로 그 결과를 손에 쥘 때까지는 누구도 알 수 없기 때문이다. 완벽주의도 마찬가지다.

본 조비Bon Jovi는 「Living on a Prayer」를 앨범에 수록하는 것을 원하지 않았다. 자신이 그 곡을 좋아하지 않았기 때문에 다른 사람들에게도 어필하지 못할 것이라고 생각한 것이다. 이와 같은 사례들이 인류의 역사를 어지럽게 수놓고 있다.

3. "이제 뭘 해야 하지?"라는 생각이 주는 두려움

'최고의 자리는 외로운 법'이라는 말은 무언가를 성취한 뒤에 찾아오는, 감당할 수 없이 무거운 '이제는 뭘 해야 하지?'라는 감정을 나타내는 말이라고 생각한다. 첫 번째 두려움인 '이후에 벌어질 일에 대한 두려움'이 주는 공포는 당신이 달성한 그 목표 자체에 대한 공포다. 사업을 구상만 하는 게 실제로 목표를 달성하여 가게를 여는 것보다 훨씬 쉽다는 이야기를 했었다.

'이제 뭘 해야 하지?'라는 두려움은 완전히 새로운 목표를 찾는 과정에 대한 이야기다. 당신이 하나의 목표에 전력을 쏟아왔고 그 결과 목표를 달성했다면, 이제 당신은 무엇을 할 것인가? 목표 자체가 한 사람의 정체성이 되어버린, 건강하지 못한 상황이라면 '이제는 뭘 해야 하지?'라는 의문이 드는 순간은 특히 위험할 수 있다.

전문 운동선수들과 어린 나이에 스타의 반열에 오른 연예인들에게서 그러한 사례를 종종 찾아볼 수 있다. 이를테면 여섯 살 때부터 서른이 될 때까지 축구는 당신의 모든 것이었다. 이제 서른한 살이 된 당신은 노장 취급을 받고, 영광의 시절은 모두 지나간 것 같다. 팀에서 제명되고 난 뒤, 당신은 갑자기 자신이 누구인지조차 알 수 없다.

그런데 다행스럽게도 우리는 지난 5장에서 이러한 상황에 대비했기 때문에 '이제 뭘 해야 하지?'에 들어갈 수 있는 목록들은 이미 마련되어 있다. 당신이 목표를 달성하고 나면, 그 아이디어들을 활용하면 된다.

그런데 이 간사한 완벽주의는 '이제 뭘 해야 하지?'에 대한 완벽한 답을 목표 달성 전에 이미 가지고 있었어야 한다고 당신에게 말할 것이다. 하지만 그건 말도 안 된다. 이번 목표를 끝내기도 전에 다음 목표에 대해 자세히 알 필요는 없다. 하던 일 먼저 끝내자.

다음에 해야 할 일에 대한 두려움 때문에 현재 진행 중인 도전을 마쳤을 때 다가올 기쁨을 놓치지 말자. 완벽주의가 휘두른 '가상의 두 번째 목표'에 맞아 거의 다 잡은 현재의 목표를 놓치지 말자.

이 세 가지 두려움들이 당신을 멈추지 못한다 해도, 현실이 당신 앞을 가로막는 일이 생길지도 모르겠다.

오래된 목표를 끝내는 것보다 새로운 목표를 시작하는 게 더 쉬우니까 말이다. 목표 달성에 가까워질수록 매력을 뽐내며 자라나는 다른 욕망들을 보면 가히 놀라울 정도다.

만일 당신이 기존의 목표는 어느새 잊은 채 새로운 목표에만 마음을 빼앗겨버린다면, 이는 마치 예고편만 수천 편 감상하고 본 영화는 한 편도 끝까지 보지 않는 것과 비슷하다.

예고편을 보며 잠깐 동안은 신나는 시간을 보내겠지만, 영화 한 편을 제대로 다 보지도 않고 자꾸 새 영화를 시작한다면 한 편의 영화가 주는 진정한 의미를 과연 느낄 수 있을까?

흔들리지 말자. 이제 와서 '새로움'에 이끌리지 말자. 지금 포기하지 말자. 조금만 가면 끝이다.

이번에는 포기하고 싶은 당신의 마음을 말끔히 사라지게 해줄 사람을 만나보자.

우리에겐 훈수 두는 친구가 필요하다

난관에 부딪쳤다가 기적적으로 돌파구를 찾아본 사람과 함께 일하다 보면, 그들이 돌파구를 찾을 수 있던 데는 두 가지 이유가 있다는 것을 알게 된다.

첫 번째 이유는 인생이 완전히 뒤바뀌는 경험을 했다는 것이다. 졸업이라는 결승선 앞에서 졸업을 유예했던 메레디스는 23년이 지난 뒤 학업을 마치기 위해 학교로 돌아가기로 결심했다. 심장 절개 수술이라는 인생의 큰 위기를 통해, 사람의 생명이 얼마나 취약한지를 깨달았기 때문이다. 이 깨달음은 그에게 미련 없이 사는 삶에 대한 새로운 자극을 주었다.

이 경험은 놀랍도록 강력한 자극제였지만 당신이 마음대로 계획할 수 있는 종류의 것은 아니다. 효과가 강력하다고 이 책에 '거의 죽음에 이르는 법'이라는 제목의 장을 써 넣을 수는 없는 것 아닌가. 이때 우리는 목표 달성을 위한 두 번째 방법을 택해야 하는데, 그것은 바로 '친구'다.

여러 번 반복해서 말하지만 목표를 달성하는 데 진정으로 도움이 되었던 요소에 대해 연구한 결과, 가장 효과적인 요소는 '친구'였다.

반복해서 자신의 예술 작품을 깨부수던 예술가가 그 효과를 직접 경험했다. 그는 어느 날 친구에게 자신이 만든 작품들을 스스로 부수고 있다고 이야기했다. 진지한 분위기에서 한 말은 아니었고, 그냥 지나가는 말로 자신의 이야기를 꺼냈다.

얘기를 들은 친구는 눈을 동그랗게 뜨고는 "더 이상 부수지 마!"라고 말했다. 그는 그날 당장 자신의 작품을 부수던 습관을 고칠 수 있었다.

이 이야기에서 내가 가장 좋아하는 부분은 그의 친구가 거창한 설명을 구구절절 덧붙이지 않았다는 점이다.

때때로 우리에게는 이런 방식의 해결책이 필요하다.

우리는 느닷없이 어둠 속에서 나타난 현인이 '바쁘게 살 것이 아니라면 당장이라도 죽는 게 낫다'고 말해주길 기대한다. 하지만 우리에게 필요한 변화가 그렇게 거창할 필요는 없다. 그렇게 복잡하지 않아도, 그렇게 극적이지 않아도 좋다.

습관의 고리를 끊어줄 친구, 작품을 부수는 짓을 멈추라고 말해줄 친구면 충분하다. 당신이 당연하다고 믿는 것을 당연하지 않다고 말해줄 친구면 된다. 당신을 비웃어줄 토크쇼 호스트면 적당하겠다.

목표 달성 과정 내내 친구가 필요하지만, 그들의 역할이 가장 중요한 시점은 사실 결승선 앞에서다. 그리고 그런 친구를 찾는 것보다 더 중요한 것은 스스로 그런 친구가 되는 일이다.

아무리 나이가 들어도 우리 모두는 우리를 믿어줄 사람을 필요로 한다. 복잡하거나 어려운 일도, 시간이 드는 일도 아니다. 당신이 아끼는 친구에게 그리고 자신에게 '파도치는 바다에 스스로를 내몰지 말라'는 조언이 필요한 것뿐이다. 친구가 파도타기를 즐기는 서퍼가 아닌 이상에야, 그 조언은 그에게 용기를 북돋는 위로가 될 것이다.

나에게 난생 처음 물어본 질문

당신이 스스로에게 한 번도 하지 않은 질문이 있다.

"목표를 달성하지 못했을 때 내가 얻는 건 뭘까?"

목표를 달성하지 못했을 때도 당신은 뭔가를 얻게 된다.

한동안 꿈꿔왔지만 포기한 목표, 또는 시작했다가 자꾸만 그만두게 되는 목표가 있다면, 거기에는 분명히 이유가 있다. 목표를 달성하지 못하는 데서도 얻는 게 있기 마련이다. 이 미로 어딘가에 분명히 치즈 한 조각이 숨겨져 있는 것이다.

예술가를 꿈꾸는 한 친구가 페이스북을 통해 자신이 목표를 달성하지 못하는 이유를 말해주었다. "내가 성공하지 못할 거라는 생각이 들면, 목표 달성을 방해하는 모든 요소들이 나를 방해하도록 그냥 내버려두게 돼요."

완벽주의의 냄새가 나지 않는가? 그녀는 자신이 성공하지 못할까 봐, 완벽하게 해낼 수 없을까 봐 두려운 것이다.

도전을 멈추는 데서 얻는 가장 흔한 이점은 진짜로 원하는 일이었다면 분명 제대로 해냈을 거라는 환상을 고수하는 일이다. 당신이 잘 해낼 수 없을지 모른다는 사실을 인정하는 대신에, 가능성의 환상 속에 숨어버리는 것을 택한 셈이다. 내 친구 칼리가 당신 앞에서 바이올린을 켜지 않는 이유도 바로 여기에 있다.

"바이올린을 3년이나 가지고 있었는데 그걸 케이스 밖으로 꺼낸 건 단 2번뿐이야. 정말 두려운 생각이 들어. 바이올린을 시작한 뒤에 성공하지 못할 것이라는 사실을 깨닫게 되면, 바이올린에 대한 꿈 자체가 언젠가는 사라지게 될까 봐. 그럴 바엔 그냥 케이스 안에 영원히 넣어놓는 편이 낫지 않을까?"

사실 친구도 자신이 틀렸다는 것을 알고 있었던 것 같다. "너는 어때?"라고 내게 물었기 때문이다.

도전을 포기함으로써 사람들이 흔히 얻는 이점은 무엇일까? 목표 달성에 어려움을 겪은 세 사람이 각기 다른 세 가지 이야기를 내게 들려주었다.

1. 결과물에 대한 통제

일단 시작을 하면, 실패할 가능성이 늘 도사리고 있다. 그러나 시도를 안 한다면? 적어도 상상 속 결과물을 순수하게 남겨둘 수 있다.

2. 순교자라는 칭찬

자녀, 배우자의 목표 등 삶의 다른 측면에 집중함으로써 당신의 목표를 '희생'시키고 나면, '자신을 희생한 행동'에 감명 받은 타인들로부터 찬사를 받을 수 있다.

3. 타인들의 기대 하락

내가 성공하려고 애쓰면, 완벽함에 대한 기대가 그 다음번에는 더 커질 게 분명하다. 그러니 성공한 사람이라는 평판을 쌓아올리는 대신 내가 할 수 있는 것들을 그냥 종종 보여줌으로써 이따금씩 사람들을 놀라게 하는 편을 택하겠다.

'도전을 멈춤으로써 얻는 이점'이 '목표를 이룬 뒤에 얻는 결과'보다 더 값지다고 생각한다면, 이 책은 당신에게는 쓸모없는 책이다.

언젠가 아내에게 "나에게 더 나은 친구들이 있었으면 좋겠다"고 했더니, 아내는 "아니, 안 좋을 거야"라고 답했다.

그게 무슨 뜻이냐는 물음에 아내는 "당신은 낯선 사람들 앞에서는 외향적이고 지인들 앞에선 내향적이지 않아? 친구 관계를 피하고 싶을 때 출장 스케줄을 써먹는 사람이잖아"라고 말했다.

그 말을 듣는 순간에는 정곡을 찌르는 그녀가 아주 못됐다고 생각했지만, 사실 아내 말이 옳다.

관계를 회피함으로써 내가 얻은 것은 사람들과 연락하고 지내지 않으면 사람으로부터 상처받을 일도 없다는 생각이었다. 마치 여성 채널 라이프타임에서 방송할 법한 영화의 줄거리처럼 들리는가?

"사람들에게 둘러싸여 지내지만 태생적으로 집돌이가 편하고, 관계가 주는 위험을 수용하는 데 어려움을 겪는 한 남자의 고군분투."

목표 달성을 위해 인간관계를 잠시 쉬어가야 했던 순간들이 있었던 게 사실이다. 하지만 '숨어 지내는 것이 이득'이라는 믿음을 더 오래 고수하면 할수록, 친구 만들기라는 또 다른 목표가 실패로 돌아가는 기간은 더 길어졌다.

완벽주의는 언제나 왜곡되고 얕은 버전의 세상을 보여준다. 내 교우 관계는 서로에게 상처를 주지 않았기 때문에 '완벽'했다. 하지만 친구들과 진심을 나누지 않았기 때문에 '가짜'이기도 했다.

목표를 중도에 포기하면 무엇을 얻을 수 있을까?

자, 이제 스스로에게 솔직해질 시간이다. 만일 답을 찾았다면 보상이나 두려움이 주는 동기를 조금 더 키우는 게 좋다. 목표를 달성하지 않는 데서 얻는 이점이 무엇인지를 인지한 뒤, 당신에게 맞게 보상치를 조절하자. 특히 결승선에 가까워질수록 이 점을 기억해야 한다.

길고 긴 경주의 끝에서

'결승선 코앞'에서 두려워 포기하지 말자. 진짜 두려운 것은 결승선에 닿지 못하는 것이다. 지금 포기하기엔 너무 열심히 해오지 않았는가.

이후 덮쳐올 파도가 거세지는 않을까? 내 예술 작품을 이해하지 못하는 사람들이 있진 않을까? 결과가 생각했던 것과 다르다면?

이 책이 끝나가는 마당에 이제 와서 내가 거짓말을 할 수는 없다. 당신의 걱정은 100퍼센트 적중할 것이다.

그러나 단 한 가지, 끝까지 가기 전까지는 스스로와의 약속을 지키는 것이 얼마나 즐거운 일인지 당신은 절대 깨닫지 못할 것이다.

그게 여기까지 우리가 함께 달려오며 해온 일이다. 스스로와의 약속을 지키는 일 말이다. 길고 긴 경주의 끝에 다다를 때, 우리는 비로소 자신과의 약속을 지켰다는 사실을 알게 된다.

Action Plan

◈ 가장 극복하기 어려운 완벽주의의 막판 공세, '두려움'이 무엇인지 돌아보자.
◈ 당신에게 단호히 조언해줄 친구가 있는가? 당신이 도움을 청할 친구의 이름을 적어보자.
◈ '도전을 그만두었을 때 얻는 게 무엇인지' 스스로에게 질문하자. 그리고 솔직해지자.

에필로그

내가 끝까지 해내는 힘을 믿는 이유

고백할 게 하나 있다.

나는 일주일에 적어도 세 번 유튜브로 「더 보이스」를 시청한다. 미국 버전만 보는 게 아니다. 연결 링크들을 타고 들어가 「보이스 오브 알바니아」의 오페라 가수 오디션까지 본다. 이 프로그램을 한 번도 안 본 사람을 위해 첨언하자면, 아메리칸 아이돌과 유사한 노래 경연 프로그램이다.

그중에서도 내가 가장 좋아하는 부분은 오디션 절차다. 다른 음악 프로그램과는 달리 심사위원들은 참가자가 노래하는 장면을 보지 못한다. 네 명의 심사위원들은 영화 「007 시리즈」에 나오는 악당이 앉을 것 같은 화산 분화구처럼 생긴 커다란 의자에 앉아 등을 돌린 채 참가자의 노래를 듣는다.

노래가 마음에 들면 커다란 버튼을 누를 수 있고, 그러면 의자가 빙글 돌아가 그제서야 참가자의 얼굴을 볼 수 있다. 종종 어떤 참가자들은 목소리에 딱 어울리는 외모를 지녀 심사위원들이 그다지 놀라지 않는다. 하지만 이 오디션 최고의 장면들은, 예상치 못하게 놀라운 목소리와 반전 모습을 가진 참가자들이 출연한 무대에서 나온다.

심사위원들은 너무 놀라 두 손을 번쩍 치켜들기도 하고, 버튼을 열두 번도 넘게 눌러대기도 한다. 이때는 관객들 역시 모두 일어나 기립박수를 쏟아낸다.

또 다른 오디션 프로그램 「브리튼즈 갓 탤런트」에서 수잔 보일Susan Boyle과 폴 포츠Paul Potts가 출연한 장면이 그토록 사랑을 많이 받은 이유도 여기에 있다. 두 사람 모두 그 안에 어마어마한 재능을 숨긴 사람처럼 보이지 않았던 것이다. 겉보기에 지극히 평범한 외모를 지닌 수잔 보일과 폴 포츠를 만일 거리에서 만났다면 그냥 바로 지나쳤을 것이다. 하지만 그들이 노래하는 순간, 입이 떡 벌어질 만큼 놀라운 장면이 펼쳐진다.

하지만 아직도 자신의 재능을 펼치지 않은 폴 포츠가 세상에는 천 명도 넘는다. 오디션에 참가할 만큼 출중하지 않다는 생각에 샤워하며 노래하는 것으로 만족하고 마는 수잔 보일이 수천 명이다.

그것이 바로 완벽주의가 저지르는 최악의 일이다. 당신을 집에 묶어두고, 소파에 가둬둔다. 당신의 도전을 가로막는다. 6년간 이어진 대학 생활의 종지부를 찍어줄 마지막 기말고사 장소까지 당신을 데려간 뒤 의도적으로 시험을 망치도록 종용한다.

나는 당신에 대해 알지 못한다. 우리는 아마 앞으로도 만나지 못할 것이다. 실제로는 내가 당신이 생각하는 것보다 훨씬 더 키가 크다는 중요한 사실도 당신은 영영 알지 못할 것이다.

하지만 나는 이것 하나만큼은 분명히 안다. 당신이 완벽주의에 굴복하는 순간, 매번 중도에 포기하고 무언가를 시작해보려 도전하지 않아도 지금만으로도 충분하다고 느끼게 될 거라는 것.

당신의 인생이라는 작품을 부수는 짓을 멈추자.

어쩌면 아직 완성에 가깝지 않을지 모른다. 어쩌면 아직 미술 도구를 사러 화랑에 가지도 못했을지 모른다. 어쩌면 아직 당신의 예술 작품이 캔버스에 그려지지 않았을지 모른다.

나는 무엇이 당신의 발을 걸어 넘어뜨리는지 알지 못한다. 당신에게 가장 효과적인 완벽주의의 함정이 무엇인지도 알지 못한다. 당신이 끝까지 도전하지 않으려는 이유도 알지 못한다.

그저 어떤 순간들로 당신을 초대하고 싶을 뿐이다. 예상치 못한 일이 일어나는 순간, 심사위원들이 의자를 돌려 작고 나이든 당신이 해낸 일을 보고 놀라게 될 순간 말이다.

내가 하는 말이 전혀 쿨하지 않고 느끼하게 들릴지도 모르겠지만, 사실 이 '쿨한 모습'이라는 건 당신이 진심으로 소중하게 여기는 일들을 인정하고 싶지 않은 내면의 겁쟁이가 모습을 드러냈을 뿐인 경우가 많다.

의자가 돌아가는 장면은 내가 가장 좋아하는 순간 중 하나다. 그리고 그 장면이 내가 '끝까지 해내는 것'의 힘을 굳게 믿는 이유이기도 하다.

대다수의 사람들은 인생 대부분을 '만일의 경우'를 생각하며 보낸다. 막연히 상상하고, 꿈꾸고, 소망한다. 그렇게 보내는 한 주가, 한 달이 되고, 그 한 달은 일 년이 된다.

무대는 비어 있다. 마이크도 조용하다. 의자는 돌아가지 않을 것이다. 아무도 노래하지 않으니까.

그러나 그와 같은 순간에도 우리의 마음 깊은 곳에 새겨진 목표는 사라지지 않는다. 시간이라는 모래가 우리의 목표를 덮어버릴 거라고, 결국 잊히고 말 거라고 생각하지만 실제로는 그렇지 않다.

이루지 못한 목표가 빛을 잃을 수는 있지만, 그 빛은 절대 꺼지지 않는다. 자신과의 약속을 상기시키는 어느 영화 속 주인공이, 서점 유리창에 진열된 내가 쓰려던 책과 유사한 책이, 친구가 무심코 던진 한 마디가, 우리의 목표에 다시 불을 지핀다.

당신이 좇기를 거부한다 해도 목표는 사라지지 않는다. 유령이 되어 당신을 쫓아다닌다. 열정을 분출할 다른 출구가 없을 때, 해소되지 못한 그 감정은 날선 비방의 목소리로, 공격적인 에너지로 모습을 바꾸어 주변 사람에게로 향하기도 한다. 결승선을 마침내 통과하고 얻는 기쁨을 거부하고 중도 포기자가 되기로 선택한다고 해서, 당신의 마음속에 자리한 열정이 사그라드는 것은 아니기 때문이다.

또한 당신이 감히 끝마치기를 거부한 목표는 지끈거리는 두통을 주고, 그 두통에서 괴물이 생겨난다. 그 괴물은 완벽주의에 여러 차례 굴복한 뒤 자신의 목표를 포기하고 다른 누군가의 목표도 파괴하기로 결심한다.

하지만 그때, 깨달아야 한다. 곧장 행동해야 한다. 실패하겠지만 또 다시 도전해야 한다.

끝까지 해내는 것의 힘을 믿는 이유가 정말 뭐냐고?

당신을 믿기 때문이다. 당신의 잠재력을 믿기 때문이다.

아니, 당신의 어마어마한 잠재력을 믿고 있기 때문이다.

그렇게 믿는 이유가 뭐냐고?

1000명도 넘는 사람들이 각기 다른 1000개 이상의 목표를 달성하는 과정에서 그 잠재력을 1000번도 넘게 보여주었기 때문이다.

이 책에서 이야기한 것들 중 10분의 1만 시도해도 당신 역시 자신의 잠재력을 볼 수 있을 것이다.

어떤 일을 시작하는 건 재미있다.

하지만 미래는 끝까지 해내는 사람들의 손에 달렸다.

바로 당신의 손에 말이다.

옮긴이 | **임가영**

전남대학교 신문방송학과, 서울외국어대학원대학교 통번역대학원을 졸업한 후, 현재 전문 통번역사로 활동 중이다. 옮긴 책으로 『어쨌거나 마이웨이』『높은 창』『EYE IN THE SKY(출간예정)』이 있다.

피니시

초판 1쇄 발행 2017년 12월 18일
초판 2쇄 발행 2018년 1월 15일

지은이 존 에이커프
옮긴이 임가영
펴낸이 김선식

경영총괄 김은영
책임편집 전은혜 **디자인** 이주연 **책임마케터** 최혜령, 이승민
콘텐츠개발1팀장 한보라 **콘텐츠개발1팀** 임보윤, 이주연, 박인애, 전은혜
마케팅본부 이주화, 정명찬, 이보민, 최혜령, 김선욱, 이승민, 이수인, 김은지, 배시영, 유미정, 기명리
전략기획팀 김상윤
저작권팀 최하나, 이수민
경영관리팀 허대우, 권송이, 윤이경, 임해랑, 김재경, 한유현
외부스태프 본문일러스트 신종우

펴낸곳 다산북스 **출판등록** 2005년 12월 23일 제313-2005-00277호
주소 경기도 파주시 회동길 357 3층
전화 02-702-1724(기획편집) 02-6217-1726(마케팅) 02-704-1724(경영관리)
팩스 02-703-2219 **이메일** dasanbooks@dasanbooks.com
홈페이지 www.dasanbooks.com **블로그** blog.naver.com/dasan_books
종이 (주)한솔피엔에스 **출력·제본** (주)갑우문화사

ISBN 979-11-306-1516-5 (03190)